कहि न जाय का कहिए

[आत्मकथा]

कहि न जाय का कहिए

भगवतीचरण वर्मा

राजकमल प्रकाशन

ISBN : 978-81-267-0171-1

मूल्य : ₹595

पहला संस्करण : 2001
पहली आवृत्ति : 2023
This book is printed on **Print on Demand** Technology : 2025

प्रकाशक : राजकमल प्रकाशन प्रा.लि.
1-बी, नेताजी सुभाष मार्ग, दरियागंज
नई दिल्ली-110 002

शाखाएँ : अशोक राजपथ, साइंस कॉलेज के सामने, पटना-800 006
पहली मंजिल, दरबारी बिल्डिंग, महात्मा गांधी मार्ग, प्रयागराज-211 001
1, अनमोल सोराबजी संतुक लेन, धोबी तलाव, मरीन लाइंस, मुम्बई-400 002
वेबसाइट : www.rajkamalprakashan.com
ई-मेल : info@rajkamalprakashan.com

KAHI NA JAY KA KAHIE
[autobiography] Bhagwati Charan Verma

अनुक्रम

पहला खंड

कहि न जाय का कहिए

1

वैज्ञानिकों का कहना है कि इस असीम और अनन्त ब्रह्मांड में अनगिनत सौरमंडल हैं—और मेरा तो कुछ ऐसा अनुभव रहा है कि वैज्ञानिकों की बात गलत नहीं होती। तो इन अनगिनत सौरमंडलों में हमारी पृथ्वी को धारण किए हुए हमारा भी एक सौर-मंडल है। वैसे विज्ञान तो न जाने क्या-क्या कहता है। कुछ अपनी समझ में आता है लेकिन अधिकांश अपनी समझ के बाहर है। और समझ में आनेवाली जो बात है वह कुल इतनी कि हमारी पृथ्वी इस असीम और अनन्त ब्रह्मांड में एक निहायत छोटी-सी और नगण्य संज्ञा के रूप में समझी जानी चाहिए। और इस पृथ्वी में एक देश है जिसे इन दिनों भारत, इंडिया या हिन्दुस्तान के नाम से जाना जाता है। आज से पचीस-तीस वर्ष पहले यानी सन 1947 के पहले तक इस देश का नाम महज इंडिया था। वैसे देसी लोग इसे हिन्दुस्तान कहते थे और इस देश का आकार इसके वर्तमान आकार से कम-से-कम सवा गुना तो था ही।

यह भारत इन दिनों एक स्वतन्त्र देश है, लेकिन सन 1947 के पहले यह देश अंग्रेजों की गुलामी में था। तो जब अंग्रेजों की गुलामी में यह देश था तब अपने शासन की सुविधा के लिए अंग्रेजों ने इस देश को अनेक

छोटी-बड़ी इकाइयों में विभाजित कर दिया था और इन इकाइयों को उसने सूबों का नाम दे दिया था। इन सूबों में एक का नाम था 'यूनाइटेड प्रविंसेज ऑफ आगरा एंड अवध'। नाम जरा लम्बा था इसलिए इसका एक छोटा-सा प्यारा नाम रख दिया था उन्होंने—यू.पी.।

वैसे प्राचीन काल में भूमि के इस खंड को लोग आर्यावर्त्त के नाम से जानते थे क्योंकि यही भू-खंड गंगा-यमुना की हरी-भरी घाटी होने के नाते आर्य-सभ्यता का केन्द्र समझा जाता था। यहाँ ऋषियों के न जाने कितने आश्रम थे। कर्मकांड का जोर था। तीर्थों की भरमार थी। लेकिन वह सब तो अतीत की बातें हैं। जब मुसलमानों ने हिन्दूकुश पर्वतों को पार करके इस देश में प्रवेश किया तब यहाँ पर हिन्दू धर्म प्रचलित होने के कारण उन्होंने इस देश को हिन्दुस्तान का नाम दे दिया। बाद में तो समस्त देश का नाम ही हिन्दुस्तान पड़ गया क्योंकि समस्त देश में हिन्दू धर्म फैला हुआ था।

तो जब अंग्रेज का शासन हटा तब देश का नाम तो बदला ही, इन सूबों के नाम बदलने की बात भी उठी। 'सूबा' शब्द में साम्राज्यवाद की बू आती थी तो इस शब्द के स्थान पर प्रदेश शब्द चुना गया। और, इस सूबे का नया नामकरण हुआ।

इस प्रदेश के मुख्यमंत्री बने पंडित गोविन्द बल्लभ पन्त। बड़े शानदार आदमी थे वे। बड़े कर्मठ, बड़े बुद्धिमान। भारी-भरकम शरीर। उससे भी अधिक भारी-भरकम बुद्धि और व्यक्तित्व, समस्त प्रदेश पर छाए हुए थे। ऐसा दिखता है कि यू.पी. नाम उन्हें बड़ा प्यारा था। लोगों का कहना है यू.पी. शब्द अंग्रेजी में *अंडर पन्त* का द्योतक भी माना जा सकता है। तो उन्होंने जुगत भिड़ाई कि इस प्रदेश का नाम यू.पी. ही बना रहे। देश का मानचित्र देखा गया। यह प्रदेश देश के ठीक उत्तर में है। काम बन गया। यानी इस प्रदेश का नाम उत्तर प्रदेश रख दिया गया जो अंग्रेजी में यू.पी. ही है। इस पुराने संयुक्त प्रान्त और वर्तमान उत्तर प्रदेश में एक जिला है उन्नाव—प्रदेश के करीब-करीब बीचोंबीच गंगा के उत्तर में। इस जिले में एक कस्बा है शफीपुर जो एक तहसील भी है। तो उसी शफीपुर में तीस अगस्त उन्नीस सौ तीन के दिन अपराह्न तीन या चार बजे के बीच मेरा जन्म हुआ। मैं कह सकता हूँ कि मैंने जन्म लिया। लेकिन यह कहने में एक प्रश्न खड़ा हो जाएगा कि क्या मेरे जन्म में मेरा भी कोई हाथ था।

सन 1903 का हिन्दुस्तान अंग्रेजों की गुलामी में बेतरह जकड़ा हुआ।

सूबा संयुक्त प्रान्त—भयानक रूढ़ियों से ग्रस्त। जिला उन्नाव—इस सूबे का निहायत पिछड़ा हुआ क्षेत्र और कस्बा शफीपुर ? इस कस्बे के सम्बन्ध में मैं कुछ न कहूँगा। बात यह है कि अपनी याद में तो इस कस्बे के दर्शन किए नहीं और न आगे चलकर कोई सम्भावना है। लेकिन मेरी जन्मभूमि होने के नाते यह कस्बा मेरे लिए वन्दनीय समझा जाना चाहिए। और असल बात यह है कि मैं जो कुछ भी हूँ, बुद्धि में, ज्ञान में, भावना में, तर्क में, तो उसे देखते हुए मैंने जन्म लेने के लिए अपनी इच्छा से तो यह स्थान चुना न होगा। मुझे जबर्दस्ती यहाँ भेजा गया होगा। लेकिन मुझे किसने भेजा, क्यों भेजा, किसलिए भेजा—इन प्रश्नों के उत्तर मेरे पास नहीं हैं।

जन्म-स्थान की ही बात क्यों ? जिस धर्म के अन्तर्गत मेरा उदय हुआ, जिस समाज को मैंने आलोकित किया, जिस जाति का मैंने मस्तक ऊँचा किया, जिस कुल और परिवार को मैंने गौरवान्वित किया, जिन माता-पिता को मैंने पुलकित किया, उन सबसे मेरा कोई पुराना रिश्ता रहा होगा, इस बात का भी कोई भरोसा नहीं। ऐसी हालत में मुझे इस निर्णय पर पहुँचना पड़ता है कि मैंने अपनी इच्छा से तो जन्म नहीं लिया। बल्कि मुझे जबर्दस्ती जन्म मिला इस दुनिया की तमाम मुसीबतें उठाने के लिए।

अब प्रश्न यह उठता है कि अगर मुझे जन्म मिला है तो किससे मिला है ?

अपने देश का सबसे अधिक लोकप्रिय दर्शन है वेदान्त। लोगों की नस-नस में यह वेदान्त का दर्शन भरा पड़ा है। और वेदान्त का दर्शन कहता है—अहम् ब्रह्मास्मि ! यानी मैं ब्रह्म हूँ। यही नहीं, यह दर्शन तो यहाँ तक कह डालता है—'एको ब्रह्म द्वितीयोनास्ति'। यानी कि एकमात्र ब्रह्म ही सब जगह है और कुछ भी नहीं है। तब इस दर्शन के दो सूत्रों को मिलाकर तत्त्व निकलता है—मैं ब्रह्म हूँ और मेरे अलावा किसी दूसरे के होने का सवाल ही नहीं उठता।

यह वेदान्त का दर्शन बड़ा प्यारा दर्शन है। 'मैं ब्रह्म हूँ,' कह देने से सारा झगड़ा खत्म। किसी तरह का भय नहीं। न कोई दुविधा। न कोई आशंका। करो मेरे भाई खुलकर तुम जो कुछ करना चाहते हो। तुम्हीं ब्रह्म हो, ब्रह्म कभी गलत काम नहीं करता।

तो मैंने वेदान्त के इस दर्शन को अपने जीवन में उतारने की बड़ी कोशिश की है। लेकिन जिन्दगी के हरेक कदम पर जो मैं पिटा हूँ, हरेक बाजी में मैंने जो मात खाई है, उससे मुझे इस दर्शन के एक नवीन सूत्र

को खोज निकालने के लिए विवश होना पड़ा, अपने अनुभवों के आधार पर। यह नवीन सूत्र है नियतिवाद का। लेकिन अपने इस नियतिवाद के दर्शन की व्याख्या करने का यह अवसर नहीं। जिसे मेरे नियतिवाद को समझना है वह मेरा पूरा साहित्य पढ़े।

इसीलिए मैं निवेदन कर रहा हूँ कि भारत वर्ष के उत्तर प्रदेश के उन्नाव जिले के शफीपुर नाम के कस्बे में 30 अगस्त सन 1903 में मुझे जन्म मिला।

वह रविवार का दिन था। समय अपराह्न तीन-चार बजे के बीच का रहा होगा। बात यह है कि उन दिनों घड़ियों का चलन नहीं के बराबर था और शफीपुर ऐसे पिछड़े हुए कस्बे में दो-चार दीवार की घड़ियाँ रही हों, तो हों। कभी अपना अलग-अलग समय बताया करती होंगी। इसलिए अपने पैदा होने का समय मैं अन्दाजे से ही बता रहा हूँ।

मेरे पिता श्री देवीचरण वकील थे। वह कानपुर नगर के रहने वाले थे और उनका एक अच्छा-खासा और पक्का मकान था कानपुर में। कानपुर जिले में उनकी कुछ जमींदारी भी थी। वकालत भी उन्होंने कानपुर में ही आरम्भ की थी। लेकिन उनके बच्चे जिन्दा नहीं रहते थे। मुझसे पहले उनकी दो सन्तानें हुई थीं और काल-कवलित हो चुकी थीं। किसी साधु या फकीर ने उनसे कहा था कि कानपुर नगर के बाहर उनकी जो सन्तान होगी उसके जीवित बचे रहने का योग होगा। तो मैं जीवित रह सकूँ इसलिए मेरे जन्म के तीन-चार महीने पहले वह शफीपुर चले गए थे वकालत करने। पता नहीं उन्होंने शफीपुर ही क्यों चुना—लेकिन शफीपुर में तहसील थी, अदालत भी थी। और मुकदमेबाजी भी अच्छी-खासी होती थी। वकील वहाँ इने-गिने थे।

वह सन 1903 का शफीपुर ! शायद दस-पाँच पक्के मकान रहे हों वहाँ पर। वह भी दो-चार इमारतें सरकार की, सरकारी दफ्तरों के लिए। और चार-छः पक्के मकान वहाँ के जमींदारों और महाजनों के। मेरे पिता ने अपने रहने के लिए जो किराए का मकान लिया था वह कच्चा था। उसमें साँप-बिच्छू आए दिन निकला करते थे। मेरी माता का कहना था—भगवान उनकी आत्मा को शान्ति दें—करीब छः-सात वर्ष पहले पिच्चानवे वर्ष की अवस्था में वह इस दुनिया से मुक्ति पा गईं—कि जब मैं दो महीने का था तो वह मुझे कोठरी के फर्श पर लिटाकर रसोईघर चली गईं। खाना-वाना बनाकर जब वह वापस लौटीं, तब उन्होंने देखा कि मैं सो रहा था और एक

नागराज मेरे ऊपर अपना फन फैलाए बैठे थे। मेरी माता के आते ही जैसे मुझे उनके संरक्षण में छोड़कर वहाँ से चुपचाप खिसक गए।

मैं अपनी माता को किसी हालत में गलत नहीं कह सकता। लेकिन मैं इतना अवश्य मानता हूँ कि उनमें कल्पना की प्रचुरता थी और अतिशयोक्ति में वह सिद्धहस्त थीं। मेरी पैतृक परम्परा में किस्सागोई का गुण मुझे आज तक ढूँढ़े नहीं मिला। हाँ, अपनी माता के परिवार में किस्सागोई की कला और कल्पना के दर्शन प्रचुर रूप में मुझे हुए हैं। मेरे मामा एक-से-एक सनकी, लतीफेबाज, लम्बी उड़ानें भरने वाले थे। तो मुझे तो लगता है कि कला मुझे मिली है अपनी माता की कुल-परम्परा से—वैसे मुझे अपनी पैतृक परम्परा का पूरा-पूरा ज्ञान भी तो नहीं है।

ऐसी हालत में मैं यही कह सकता हूँ कि कोई साँप रेंगता हुआ मेरे पास से निकल गया होगा और माताराम ने इस घटना पर अपना रंग चढ़ा दिया होगा। इस घटना का वर्णन करने में मेरा उद्‌देश्य केवल यह बतलाना था कि एक अच्छे-खासे नगर में एक शानदार पक्के मकान में रहनेवाले मेरे पिता सिर्फ शफीपुर में रहे कि एक निहायत पिछड़े हुए इलाके के एक कच्चे मकान में मेरा जन्म हो।

लेकिन इसमें मुझे अपने पिता से कोई शिकायत नहीं है। एक तरह का सन्तोष ही है कि सामन्तवादी परम्परा से जबर्दस्ती अलग हटकर सर्वहारा की परम्परा में मुझे जन्म मिला। मेरे जन्म के छः महीने बाद—यानी मेरा जन्म करा के मेरे पिता मुझे और मेरी माता को साथ लेकर कानपुर वापस आ गए। भला कानपुर में सुख-सुविधापूर्वक रहनेवाला आदमी शफीपुर के एक कच्चे घर में कैसे रहता ! तो मुझे तो ऐसा लगता है कि सिर्फ मेरे जन्म के लिए मेरे पिता शफीपुर गए थे ताकि शफीपुर मेरा जन्म-स्थान कहला सके।

परम्परा के अनुसार मेरी जन्मपत्री भी बनी थी। मेरी दिवंगत माता ने मुझे बताया था कि उस जन्मपत्री में पिता की मृत्यु का योग था। यानी ज्येष्ठ नक्षत्र के प्रथम चरण में मेरा जन्म हुआ था। कहा जाता है कि महाकवि तुलसीदास की जन्मपत्री में भी यही योग था जिसके कारण उनके पिता ने उनका मुख तक नहीं देखा और उन्हें घर के बाहर छुड़वा दिया। घर से निकाले जाने के कारण बेचारे महाकवि को अपने बाल्यकाल में अनगिनत दुख उठाने पड़े। लेकिन मेरे पिता निहायत शरीफ आदमी थे। उन्होंने मेरे साथ इस तरह की कोई हरकत नहीं की और अपनी जान पर

खेल गए क्योंकि जब मैं पाँच वर्ष का भी पूरा नहीं हुआ था, वह अचानक प्लेग के शिकार हुए और दुनिया से सिधार गए। पता नहीं महाकवि तुलसीदास के पिता महाकवि को घर से निकालकर स्वयं जीवित बचे रहे या नहीं, इतिहास में तो उनके नाम का या उनका कोई जिक्र है नहीं। लेकिन मेरा ऐसा खयाल है कि वह जीवित नहीं बचे होंगे—यह नक्षत्र दोष बड़ा जबर्दस्त दोष होता है—ज्योतिषियों का ही कुछ ऐसा कहना है। इन ऊटपटाँग बातों पर मेरा तनिक भी विश्वास नहीं। यह मैं निवेदन किए देता हूँ, ये बातें लिख इसलिए रहा हूँ कि इन्हें लिखने में मुझे मजा आ रहा है।

तो तुलसीदास के पिता ने जो तुलसीदास को त्याग दिया तो तुलसीदास संत बन गए और मुझे जो मेरे पिता ने नहीं त्यागा तो मैं जिन्दगी भर इस संत परम्परा से कोसों दूर रहा हूँ। एक तरह से मुझे नास्तिकता की सीमा तक पहुँचने वाला अविश्वासी कहा जा सकता है। वैसे अपने बचपन में मैं बड़ा भक्त था। रामायण का मैं सस्वर पाठ करता था, हनुमानचालीसा और संकटमोचन मुझे कंठस्थ थे। लेकिन धीरे-धीरे सब-कुछ छूटता गया। रही नक्षत्रों की बात, तो मैं इतना अवश्य कह सकता हूँ कि मेरे ग्रह-नक्षत्र तुलसीदास के ग्रह-नक्षत्रों से कमजोर किसी हालत में नहीं रहे होंगे। बेचारे महाकवि के न आल-औलाद, न परिवार—मुझे तो सब-कुछ प्राप्त हुआ है। रही चार सौ वर्षों तक महान साहित्यकार ही नहीं देवता बनकर पूजने की बात, तो वहाँ मुझे उनसे तनिक भी ईर्ष्या नहीं है। मैं यह अच्छी तरह जानता हूँ कि मरने के बाद मेरा नाम ही रह जाएगा। यह नाम भी कब तक रहता है, कुछ कहा नहीं जा सकता। और नाम का रहना या न रहना मेरे लिए तनिक भी महत्त्व का नहीं है। लेकिन अपना नाम सैकड़ों-हजारों वर्ष चले, इसकी अभिलाषा अपनी इस लापरवाहीवाली अकड़ के बावजूद, मन के किसी कोने में जब तब उचक-उचक पड़ती है।

तो मैं भगवतीचरण वर्मा, पुत्र श्रीदेवीचरण, जाति कायस्थ, रहनेवाला फिलहाल लखनऊ का अपनी आत्मकथा कह रहा हूँ। कुछ हिचकिचाहट होती है, कुछ हँसी आती है—बेर-बेर एक पंक्ति गुगनुना लेता हूँ—'कहि न जाय का कहिए !' तो यह आत्मकथा मैं दूसरों पर अपने को आरोपित करने के लिए नहीं कह रहा हूँ। मैं तो यह दूसरों का मनोरंजन करने के लिए कह रहा हूँ। बात यह है कि मुझे कहानी कहने की कला मिली है। यह कहानी कहने की कला मुझे उसी से मिली है जिसने मुझे जन्म दिया है। हरेक व्यक्ति को जन्म से ही कुछ गुण मिलता है जिसके सहारे वह

भवसागर में अपनी जीवन-नैया को खे सके। तो मैं न तो बिरला-टाटा की कोटि का उद्योगपति बन सकता हूँ, (वैसे करोड़पति बनने की अभिलाषा मुझमें सदैव रही है और सच बात तो यह है कि यह अभिलाषा मेरे अन्दर अब भी है) न मैं नेपोलियन या सिकन्दर की भाँति विश्वविजेता बन सकता हूँ, जोकि मन में यह तेवर अब भी जब-तब जाग उठते हैं। न मैं महात्मा गाँधी, जवाहरलाल नेहरू की कोटि का राजनीतिज्ञ नेता बन सकता हूँ। जोकि मिनिस्टर बनने की बड़ी अभिलाषा रही है मन में। अपना एक निजी शानदार प्रेस खोलने को कोशिश कर चुका हूँ, पार्लियामेंट का सदस्य बनने के लिए बड़े-बड़े नेताओं के सामने अपनी नाक भी थोड़ी-बहुत रगड़ चुका हूँ, यह जानते हुए कि वे आदमी निहायत घटिया किस्म के हैं। लेकिन मुझे हमेशा यही अनुभव हुआ कि वह अपने बूते की बात नहीं है। केवल साहित्य के नाम पर मैं अपनी रोजी-रोटी कमा सकता हूँ। ईमानदारी की बात तो यह है कि इस बार दूसरों के सम्बन्ध में मनगढ़ंत कहानी कहने के स्थान पर मैं स्वयं अपनी सच्ची कहानी कहने बैठ गया हूँ।

वैसे अपनी कहना बड़ा मुश्किल काम है क्योंकि अपनी कहानी कहते समय सत्य को दबाने की और झूठ को उभारने की प्रवृत्ति मनुष्य में अक्सर आ जाया करती है। तुम जो नहीं हो वह अपने को दिखाने को कोशिश करने लगते हो, तुम जो हो उस पर परदा डाल देते हो। हरेक को अपने से बेहद प्यार होता है न !

मैं जानता हूँ कि मैं संत नहीं हूँ, मनीषी नहीं हूँ। लिहाजा मैं मानवीय कमजोरियों से ऊपर भी नहीं हूँ। यह जितने किस्से-कहानी मैंने लिखे हैं उनमें कुशलतापूर्वक झूठ बोलने की कला ही तो है। अब हुआ यह कि इन किस्से-कहानियों में झूठ बोलते-बोलते मैं झूठ से इतना ऊब गया हूँ कि अपनी जिन्दगी में झूठ बोलने में मुझे बेहद रांकोच होने लगा है। फिर नियति को कोटि-कोटि धन्यवाद कि जिन्दा रहने के लिए, यानी अपनी आजीविका के लिए छल-प्रपंच और कपट की मुझे आवश्यकता ही नहीं पड़ी; दूसरों से दबने और उनके आगे झुकने के बिना ही मेरा काम चलता रहा।

मुझे ऐसा लगता है कि मैं कुछ कहता रहा हूँ। अपनी कहानी कहते समय मनुष्य में बहकने की स्वाभाविक प्रवृत्ति आ जाया करती है। तो अब अपनी बहक रोककर मुझे केवल इतना निवेदन करना है कि इस बार मैं एक सच्ची कहानी से लोगों का मनोरंजन करने का प्रयत्न कर रहा हूँ।

अपनी आजीविका के लिए, स्पष्ट रूप से पुस्तक द्वारा अपनी रॉयल्टी वसूल करने के लिए पाठकों का मनोरंजन करना, मैं इसे न अनैतिक समझता हूँ और न हेय समझता हूँ।

तो मैं भगवतीचरण वर्मा एलान कर रहा हूँ कि मैं साहित्य के क्षेत्र में एक अति कठिन प्रयोग कर रहा हूँ। सत्य बड़ा कुरूप होता है, लेकिन कला-सौन्दर्य की प्रतीक होती है। कुरूप सत्य को सुन्दरता का जामा पहनाकर अपने पाठकों का मनोरंजन कर सकना—निश्चय ही यह बड़े जीवट का काम है।

अनायास ही जीवट की बात उठ खड़ी हुई है तो मुझे अपने ऊपर हँसी आ जाती है। मेरे अन्दर साहस का अभाव तो नहीं है, लेकिन मेरे अन्दर वाला साहस हमेशा से कुछ दबा-दबा-सा रहा है। और अपने क्रोध को खून के घूँट की तरह पी जाने की मुझे आदत-सी पड़ गई है। मार-पीट, धर-पकड़ और गाली-गलौज—इनसे मैं हमेशा कतराता रहता हूँ। इसका एक कारण मेरा जिस्म भी रहा होगा। मेरी ऊँचाई कोई पाँच फीट साढ़े तीन इंच, वैसे उम्र के साथ शरीर कुछ भर-सा गया है। लेकिन बचपन में मैं निहायत दुबला-पतला, मरियल-सा था। इस सबके बावजूद बुद्धि से भरपूर। ऊँचा-नीचा देखने की एक स्वाभाविक प्रवृत्ति। इस धर-पकड़ और मार-पीट में अपना ही अहित होगा और गाली-गलौज मेरे संस्कार में नहीं है, तो इनसे जहाँ तक हो सके कतरा जाने की आदत पड़ गई है। वैसे लोग मुझे नितान्त कायर भी नहीं कह सकते, मुझे निकट से जानने वाले लोगों को और स्वयं मुझको भी कभी-कभी मेरी ऊटपटाँग हरकतों पर बेतहाशा आश्चर्य होने लगता है।

यह जीवट और हिम्मत, मेरी पारिवारिक परम्परा में इनके दर्शन उस काल से हो जाते हैं जिस काल का मुझे थोड़ा बहुत पता चल पाया है। मैं समझता हूँ कि मेरे पूर्वजों को अपनी पारम्परिक परम्परा पर कोई गर्व नहीं रहा होगा क्योंकि मेरे परिवार में वंश-वृक्ष रखने की कोई प्रथा ही नहीं थी। वंश-वृक्ष तो वह लोग रखते हैं जो जमे हुए, आस्थावान और संयमी प्राणी होते हैं, या फिर जो सामन्तवादी परम्परा के लोग होते हैं, लेकिन मेरे पूर्वज ऐसा लगता है निहायत उखड़े हुए लोग रहे होंगे। सामन्तवादी परम्परा से कोसों दूर। अपने परबाबा का तो थोड़ा-सा ज्ञान है मुझे। भगवान जाने वह ज्ञान सोलहों आना ठीक भी है क्योंकि वह ज्ञान मुझे अपने पिता की बुआ से मिला जो हमारे साथ ही रहती थी और जिनकी मृत्यु सन 1923-24

में, दिन और महीना मुझे ठीक तौर से याद नहीं, प्रायः पिच्चासी वर्ष की अवस्था में हुई थी, और जिनका अन्त्येष्टि संस्कार मुझको ही करना पड़ा था। उनके पति सन 1857 के स्वतन्त्रता संग्राम में नाना साहेब के साथ लापता हो गए थे। अपनी पत्नी को मेरे बाबा के घर में छोड़कर, और फिर कभी वह वापस नहीं लौटे। उन्हें मैं बड़ी बुआ कहता था। मेरी बड़ी बुआ अपने जीवन भर सधवा रहीं। काँच की चूड़ियाँ पहनती थीं। बेतहाशा लड़ती-झगड़ती थीं। उस बड़ी बुआ ने अपने भाई की मृत्यु देखी, अपने भतीजों की मृत्यु देखी। दुनिया में जितने दुःख थे उन्हें भोगकर वह इस दुनिया से गईं।

मेरे परबाबा के कितने भाई-बहन थे, उन्होंने इस पर कभी प्रकाश नहीं डाला। परबाबा के सगे-सम्बन्धियों के विषय में वह मौन रहीं। हाँ मेरे परबाबा के एक भाई थे जिनका जिक्र वह जरूर करती थीं। मेरे परबाबा का नाम राजा रामसिंह था। राजा रामसिंह के पुत्र थे—मेरे बाबा, और पुत्री थीं, मेरी बड़ी बुआ।

उन्नाव जिले में एक कस्बा है बांगरमऊ और बांगरमऊ से कुछ दूर एक गाँव है राजेपुर। तो उसी राजेपुर गाँव के रहनेवाले थे मेरे परबाबा। जाति के कायस्थ, लेकिन नाम के आगे सिंह लगाने की पारिवारिक परम्परा। सिर्फ इतना ही मालूम हो सका है मुझे। मेरे परबाबा के पूर्वज जमींदार थे। मुदर्रिस थे। कानूनगो थे, पटवारी थे—कायस्थों में प्रायः यही पेशे होते थे—इसका पता भी मुझे नहीं लग सका। लेकिन चूँकि नाम के आगे सिंह लगाने की परम्परा थी इसलिए मैं समझता हूँ कि उन लोगों में अपने को ठाकुर समझने की प्रवृत्ति अवश्य रही होगी।

यह सब बातें सन 1830 के पहले की हैं जब अवध अंग्रेजों की गुलामी में नहीं था और वहाँ अवध के नवाबों का शासन था। अंग्रेजों की राजधानी तो उन दिनों आगरा में थी जहाँ बैठकर वे मुगल सल्तनत के स्थान पर हिन्दुस्तान पर ब्रिटिश सल्तनत स्थापित करने का सपना साकार करने के प्रयत्न में थे। मेरे परबाबा के छोटे भाई थे धौकलसिंह और मेरा अनुमान है कि यह धौकलसिंह किस कदर मनचले और उखड़े हुए किस्म के आदमी थे। मेरी बड़ी बुआ ने उनके अस्तित्व के सम्बन्ध में तो मुझे कुछ बताया नहीं। लेकिन मेरा अनुमान यह है कि उनका अस्तित्व कुछ तगड़ा रहा होगा। हट्टे-कट्टे नौजवान पढ़े-लिखे बुद्धिमान। उनका विवाह हुआ नहीं था, तो वह एक ठकुराइन के फेर में पड़ गए और उस ठकुराइन

को लेकर राजेपुर से भाग खड़े हुए। नवाबों की अमलदारी से निकलकर वह सीधे आगरा पहुँचे, अंग्रेजों की राजधानी में।

लेकिन उस ठकुराइन से उन्हें कोई सन्तान नहीं हुई। जहाँ तक मेरा अनुमान है वह ठकुराइन अधेड़ उम्र की रही होगी, यानी धौकलसिंह साहेब से उम्र में कुछ बड़ी। और लगता यह है कि धौकलसिंह उसे नहीं भगा ले गए बल्कि वह धौकलसिंह को भगा ले गई थी। लेकिन इस भागने-भगाने के मामले में दोष पुरुष को ही दिया जाता है और बदनामी भी उसके सिर पर थोपी जाती है। कभी जवानी की कमजोरी के किसी क्षण में वह उस ठकुराइन के फेर में पड़ गए। और निहायत शरीफ आदमी की हैसियत से उन्होंने अपनी इस गलती का परिणाम भोगने में कोई आपत्ति नहीं की। तो जब वह ठकुराइन उनके गले पड़ गई तो अन्त तक उसे निभाना पड़ा। वैसे मन-ही-मन वह काफी दुखी रहे होंगे।

वहीं आगरा में उन्हें यह खबर मिली कि उनके बड़े भाई यानी मेरे परबाबा चल बसे। खबर पाते ही वह राजेपुर दौड़े आए। अपनी भावज से उन्होंने बातचीत की। उसे दिलासा-विलासा दिया। कच्ची उम्र के अपने अनाथ भतीजे और भतीजी को देखकर उनका दिल पसीज गया। उन्होंने मेरी परदादी से अपने बच्चों को साथ लेकर आगरा चलने का आग्रह किया होगा। लेकिन मेरी परदादी पुरखों की देहरी के बाहर कदम रखने को नहीं तैयार थीं। हार कर उन्होंने मेरी परदादी से प्रस्ताव किया कि वह मेरे बाबा को जिनकी अवस्था उस समय सात-आठ साल की रही होगी, उनके साथ आगरा भेज दें। लेकिन मेरी परदादी ने यह प्रस्ताव भी ठुकरा दिया होगा। एक ठकुराइन को भगा ले जानेवाले चरित्रहीन आदमी की देख-रेख में भला वह अपने पुत्र को कैसे सौंप सकती थीं।

लेकिन ठाकुर धौकलसिंह भी बड़े जिद्दी आदमी रहे होंगे। अपनी धुन के पक्के। पक्के खिलाड़ी। अनुभवों से भरपूर। इस कदर अपना प्यार उड़ेला अपने भतीजे पर कि वह उनका हो गया। और एक दिन बिना मेरी परदादी को कुछ बताए हुए मेरे बाबा को साथ लेकर राजेपुर से भाग खड़े हुए।

बहुत रोईं—कलखीं मेरी परदादी, लेकिन परदे में रहनेवाली विधवा थीं। करतीं क्या और फिर ठाकुर धौकलसिंह का सन्देशा उन्हें मिला कि चिन्ता मत करो। लड़के को हम अपने साथ ले आए हैं। उसे पढ़ाएँगे-लिखाएँगे। उसकी जिन्दगी बना देंगे। और मेरी परदादी को सब्र कर लेना पड़ा।

ठाकुर धौकलसिंह ने अपने वचन का पालन किया। उन्होंने मेरे बाबा को

अंग्रेजी पढ़ाई, फारसी पढ़ाई—ठेठ देहाती बालक से उन्होंने मेरे बाबा को शहराती बालक बना दिया। इसके बाद मेरे बाबा को पोस्ट-ऑफिस में इंस्पेक्टर का ऊँचा पद प्राप्त हो गया। उन दिनों अंग्रेज अवध को हड़पने की गरज से कानपुर नगर को विकसित कर रहे थे। अवध की राजधानी लखनऊ थी। लखनऊ से करीब चालीस मील दक्षिण में गंगा के किनारे यह कानपुर नगर था और गंगा के दूसरे तट से अवध का इलाका शुरू हो जाता था। और गंगा के दक्षिणी किनारे वाला कानपुर नगर अंग्रेजों की छावनी के रूप में विकसित हो रहा था। मेरे बाबा को इंस्पेक्टर ऑफ पोस्ट-ऑफिस बनाकर कानपुर भेज दिया गया।

वह आगरा से कानपुर आए। निहायत छोटा-सा अविकसित नगर, वहाँ का सबसे पुराना मुहल्ला जो कुछ दिन पहले तक एक गाँव था, पटकापुर, और इस पटकापुर में अधिकांश कनौजिया ब्राह्मणों की बस्ती थी। कानपुर आते ही उन्होंने एक मकान खरीद लिया—'खरीद लिए' कहना अधिक ठीक होगा क्योंकि तीन मकान थे दो गलियों को घेरे हुए और उन गलियों पर छतें पटवाकर उन्होंने तीनों मकानों को एक बनवा लिया था। शायद मुहल्ले का सबसे शानदार मकान वही समझा जाता था।

मेरे बाबा का नाम था शिवदीन सिंह और वह अपने नाम के आगे बाबू शब्द प्रयोग करते थे। वैसे सामन्तवादी परम्परा में बाबू शब्द का प्रयोग बड़े जमींदार के लिए होता था, लेकिन अंग्रेजों ने शायद सामन्तों को नीचा दिखाने के लिए या फिर अपनी सुविधा के लिए अपने अधीन हिन्दुस्तानी अहलकारों को 'बाबू' से सम्बोधित करना आरम्भ कर दिया था।

मुहल्ले-पड़ोस के लोग मेरे बाबा का आदर करते थे। बड़े धीर-गम्भीर और संयत आदमी थे मेरे बाबा—नेक और परोपकारी। बड़े-बड़े अंग्रेज अफसरों से उनका मिलना-जुलना होता था। तनख्वाह भी उनकी अच्छी-खासी रही होगी क्योंकि उन्होंने कानपुर जिले में दो गाँव खरीद लिए थे और जमींदार बन गए थे। पता नहीं कि मेरी परदादी उनके कानपुर आने के समय जीवित थीं या नहीं, लेकिन मेरा अनुमान है कि वह जरूर जिन्दा रही होंगी यद्यपि वह कानपुर कभी नहीं आईं। मेरे बाबा ने ही अपनी छोटी बहन यानी मेरी बड़ी बुआ का विवाह कराया था।

मेरी बड़ी बुआ यानी मेरे पिता की बहन धार्मिक संस्कारों से ओतप्रोत थीं। उन्होंने अपने पति का नाम कभी अपने मुख से नहीं निकाला। लिखना-पढ़ना वह जानती नहीं थीं, लेकिन अगर लिखना जानती भी होतीं

तो वह अपने पति का नाम कभी न लिखतीं। लेकिन मुझे इतना अवश्य मालूम है कि वह बिठूर में रहनेवाले पेशवा बाजीराव के दत्तक पुत्र—नाना साहेब के मीर मुंशी थे। मेरी परदादी रहती थीं अवध में, जो नवाब इलाका था और मेरी बड़ी बुआ के पति रहनेवाले थे बिठूर नामक कस्बे के आसपास के, जहाँ नाना साहेब नजरकैद थे। बिठूर अंग्रेजों की अमलदारी में था। मेरे बाबा पोस्ट-ऑफिस के अफसर थे, जिले भर के पोस्ट-ऑफिसों का दौरा करना पड़ता था उन्हें, तो उन्होंने हो मेरी बड़ी बुआ अर्थात अपनी छोटी बहन का विवाह उन मीर मुंशी के साथ कराया होगा।

फिर आया सन 1857 का वर्ष, यानी स्वतंत्रता संग्राम या गदर का वर्ष। मेरी बड़ी बुआ उसे हमेशा गदर ही कहा करती थीं क्योंकि मेरे बाबा उस समय अंग्रेजों की नौकरी कर रहे थे, और अंग्रेजों ने उस संग्राम को गदर की ही संज्ञा दी थी। तो मुझे कुछ ऐसा लगता है कि वह शुद्ध रूप से गदर नहीं था। उस क्रांति की तैयारियाँ छुपे ढंग से कुछ काल से चल रही थीं। यद्यपि उसमें योजना का नितान्त अभाव था। नाना साहेब के यहाँ भी इस स्वतन्त्रता संग्राम में कूद पड़ने की तैयारियाँ गुपचुप ढंग से हो रही होंगी क्योंकि मेरी बड़ी बुआ के पति इस संग्राम के कुछ दिन पहले मेरी बड़ी बुआ को मेरे बाबा के पास छोड़कर बिठूर वापस चले गए थे।

यह गदर आरम्भ हुआ—मार-काट, खून-खराबा। महीने-पन्द्रह दिन का हंगामा और फिर सब-कुछ शान्त। मेरे बाबा के बहनोई लापता हो गए। यानी वह नाना साहेब के साथ उनके अनुयायियों के रूप में कानपुर से गंगा पार करके अवध पहुँचे। वहाँ से नेपाल की तराई की तरफ भागे—और फिर लापता हो गए। उनके मरने की कोई खबर मेरी बुआ को नहीं मिली। काँच की चूड़ियाँ नहीं टूटीं, घर में किसी तरह का शोक नहीं मनाया गया। चौंसठ-पैंसठ वर्षों तक वैधव्य की यातनाएँ भोगकर अन्त में सुहागिन ही मरीं।

2

मेरे जन्म से बहुत पहले मेरे बाबा का स्वर्गवास हो गया था, इसलिए मुझे अपने बाबा के दर्शन प्राप्त करने का और मेरे बाबा को मेरे दर्शन प्राप्त करने का सौभाग्य नहीं हो सका। हुलिया बताने में मेरी बड़ी बुआ कमजोर थीं और मेरी माता ने भी अपने श्वसुर के दर्शन नहीं किए थे। इसलिए अपने बाबा का हुलिया बता सकने में मैं सर्वथा असमर्थ हूँ। उनकी आदतों का कुछ-कुछ पता मुझे अपनी बुआ से लग गया था और उस जानकारी के आधार पर मैं यह अनुमान लगा सकता हूँ कि वह अवश्य ही सद्गृहस्थ और मर्यादा की रक्षा करने वाले आदमी रहे होंगे। उनमें मेरे पूर्वजों का बोहेमियनिज्म तनिक भी नहीं था। शायद अपने चाचा ठाकुर धौकलसिंह के बोहेमियनिज्म का साझी होने के कारण उसे अपनाने की उन्हें कभी हिम्मत ही नहीं पड़ी। उनका विधिवत विवाह हुआ था और अपनी पहली पत्नी से उनके तीन पुत्र हुए थे। वह युग था घोर पर्दा-प्रथा का। स्त्री गुलाम समझी जाती थी। दवा-इलाज का कोई विशेष प्रबन्ध था नहीं—वैद्यराज और हकीम साहेब की दवाइयों पर लोगों का मरना-जीना निर्भर था—यानी भगवान के भरोसे सब कुछ चलता था। तो एक दिन उनकी पत्नी यानी मेरी बड़ी

दादी चल बसीं।

बच्चों को सम्हालने का भार मेरी बड़ी बुआ पर पड़ा। लेकिन मेरे बाबा कोई साधु संन्यासी तो थे नहीं, इस तरह विधुर रहकर जिन्दगी वह काट नहीं सकते थे। और किसी को घर डाल लेने को हिम्मत नहीं पड़ती थी। मध्यवर्गीय परम्परा का प्रारम्भ हो चुका था, और उस परम्परा की कायरता भी लोगों में आने लगी थी। फिर कायस्थों में लड़कियों की कमी नहीं थी, मेरे बाबा अच्छे-खासे सम्पन्न आदमी थे। पैंतालीस-छियालीस की उम्र में मेरे बाबा का दूसरा विवाह हो गया। मेरे बाबा की दूसरी पत्नी ही मेरी दादी थीं।

मेरी बड़ी बुआ का कहना था कि मेरी दादी ब्याह के तो आ गई थीं, लेकिन चार साल तक उनके कोई सन्तान नहीं हुई। मेरे बाबा को तो सन्तान न होने की चिन्ता नहीं थी, पहली पत्नी से उनके तीन पुत्र थे ही, चिन्ता मेरी दादी को थी। वह बाँझ नहीं कहलाना चाहती थीं और असल बात यह है कि स्त्री प्रकृति से जननी है। बहुत पूजा-पाठ कराया गया, ज्योतिषियों से पूछताछ की गई। तो किसी पहुँचे हुए फकीर ने कह दिया कि दादी को सन्तान योग है ही नहीं। अगर कोई स्त्री उन्हें अपनी भावी सन्तानें दान दे दे तो सन्तानें हो सकती हैं, लेकिन उसके बाद सन्तान दान देने वाली स्त्री को सन्तान नहीं होगी।

अब जो कुछ मैं कह रहा हूँ उस पर स्वयं मुझे विश्वास नहीं हो रहा है। दूसरों से उस पर विश्वास करने का आग्रह भला मैं कैसे कर सकता हूँ ? मैं पहले ही निवेदन कर चुका हूँ कि अपने पूर्वजों के सम्बन्ध में जो भी सामग्री मुझे प्राप्त हो सकी है वह या तो अपनी बड़ी बुआ से या अपनी माता से। मेरी माता में कल्पना की प्रचुरता थी। मेरी बड़ी बुआ में सीधा-सादा अन्धविश्वास। इसलिए मैं इस बात की शपथ नहीं ले सकता कि मेरी यह बातें सोलहों आने सही होंगी। फिर मैं ठहरा आज के वैज्ञानिक युग का आदमी—अन्धविश्वासों से मुक्त। चमत्कारों पर मुझे विश्वास नहीं, इसीलिए मैं कह रहा हूँ कि इस बात पर मुझे स्वयं विश्वास नहीं होता। मैं तो हरेक बात की तह तक जाना चाहता हूँ। एक नितान्त बौद्धिक प्राणी की भाँति। लेकिन मेरे सामने प्रश्न यह है कि क्या मेरी बुद्धि की गति हर तरफ हो ही, न जाने कितनी बातें मेरी बुद्धि से परे हैं। पर यहाँ पराजय मेरी है, मेरी बुद्धि की नहीं है। सीमाओं से घिरा हुआ मैं, मेरी बुद्धि सीमाओं से घिरी हुई है। और जहाँ मनुष्य की बुद्धि काम नहीं करती वहाँ उसे विश्वास और

आस्था का सहारा लेना होता है। तो मेरी बुद्धि की कसौटी पर खरी न उतरती हुई भी, मैं उन बातों को सर्वथा झूठ नहीं कह सकता क्योंकि उनसे जुड़े हुए परिस्थिति-जनित सत्य की उपेक्षा कर सकना मेरे लिए असम्भव है। वैसे दूसरों को तो मेरी सलाह यही है कि वह कम-से-कम मेरी इस बात को लतीफे के ढंग पर ही स्वीकार करें।

मेरे बाबा बाबू शिवदीन सिंह निश्चय ही एक धर्मभीरु और धर्मनिष्ठ आदमी थे—इसके विपरीत कोई प्रमाण मुझे नहीं मिलता। मेरे मत से उस समय यह निष्ठा नए-नए बनते हुए मध्यवर्ग की आस्था और कायरता पर आधारित थी। यह जो धर्मभीरू शब्द है, इस शब्द की परिकल्पना मेरे बाबा ऐसे आदमियों को देखकर ही की गई होगी। जो कुछ तुम्हें मिलता है, अगर उसमें तुम्हारा धर्म बाधक नहीं होता तो उसे स्वीकार कर लो, अपनी ओर से जिसे तुम धर्म-विरुद्ध समझते हो उसे पाने का प्रयत्न मत करो—यानी अगर वह मिले भी तो उसे मत ग्रहण करो। बिना नियतिवाद के दर्शन को समझे हुए और उसे स्वीकार किए हुए, नियतिवाद के दर्शन पर चलने का यह आधारभूत कदम है।

मैं 1857 के स्वतन्त्रता संग्राम का उल्लेख कर चुका हूँ। तो जब यह गदर हुआ और कानपुर में अंग्रेजों को मौत के घाट उतारा जाने लगा, तो दो अंग्रेज विद्रोहियों के हाथ से बच निकले। चारों तरफ घिरे हुए उन दोनों अंग्रेजों ने भागकर मेरे बाबा के घर में शरण ली। मेरे बाबा ने कई दिनों तक उन दोनों को अपने घर में छिपाए रखा—कोई उन्हें ढूँढ़ने भी तो नहीं आया था। और जब उस गदर का अन्त हुआ, तब वह दोनों अंग्रेज हमारे घर के बाहर निकले। निहायत डरे हुए और सहमे हुए लोग, बिना कानपुर रुके हुए कलकत्ता भागे, और वहाँ से वे इंग्लैंड चले गए।

उरा क्रान्ति या गदर में अंग्रेजों की सहायता करनेवाले भारतीयों को लम्बे-लम्बे पुरस्कार मिले। ताल्लुकों और जमींदारियों के रूप में। लेकिन मेरे बाबा ने उन दो अंग्रेजों को अपने यहाँ शरण देकर बचाने की बात सरकार को नहीं बताई। उन दो अंग्रेजों ने कलकत्ता पहुँचकर स्वयं कम्पनी सरकार को बताया होगा कि वे कैसे बचे और किसने उन्हें शरण दी। इस पर तहकीकात हुई और यह तै हुआ कि मेरे बाबा बाबू शिवदीन सिंह को भी पुरस्कार मिलना चाहिए।

मेरे बाबा से कहा गया था कि जमींदारियों और ताल्लुके जो बागी सामन्तों से जब्त किए गए थे वह सब तो बँट चुके, हाँ मिर्जापुर जिले में

चालीस हजार एकड़ का एक जंगल अभी बाकी है, मेरे बाबा अगर पसन्द करें तो वह भूमि उन्हें दी जा सकती है।

चालीस हजार एकड़ भूमि ! एक छोटा-मोटा ताल्लुका ही समझा जाए उसे। लेकिन उस भूमि को सम्हालना और बसाना मेहनत का काम था। तो मेरे बाबा ने उसे लेने से इनकार कर दिया। कानपुर शहर में अच्छी तनख्वाह पाता हुआ आराम से रहने वाला आदमी मिर्जापुर के जंगली क्षेत्र में एक ताल्लुका सम्हाले, यह बात उन्हें कतई न जमी होगी। लेकिन उस अंग्रेज अफसर ने मेरे बाबा के इस इनकार को महान त्याग समझा। वह मेरे बाबा से प्रभावित भी हुआ। तो उसने मेरे बाबा से पूछा कि वह और क्या चाहते हैं ?

मैं पहले ही बता चुका हूँ कि पटकापुर मुहल्ला, कनौजिया ब्राह्मणों का मुहल्ला था। और यह कनौजिया ब्राह्मण अधिकांश अक्खड़ और लड़ाकू होते हैं। तो पटकापुर के दो कनौजिया ब्राह्मण जो बिल्कुल निर्दोष थे अपनी बदजबानी और अकड़ के कारण बागियों के सन्देह में पकड़ लिए गए और यह तै था कि उन्हें फाँसी दे दी जाएगी। मेरे बाबा बोल उठे, ''हुजूर ये दो आदमी बिल्कुल निर्दोष हैं, इन्हें छोड़ दिया जाए।''

मेरे बाबा का प्रमाणपत्र काफी था, वह दोनों मुक्त कर दिए गए। उनमें एक निहायत गरीब किस्म के महाराज थे—खाने-पीने का ठिकाना नहीं, दान-दक्षिणा मिलती नहीं थी। तो मेरे बाबा ने उन्हें पोस्टमैन की नौकरी दिलाकर उनकी रोजी भी लगा दी थी। उनका नाम तो मैं भूल गया हूँ, सुविधा के लिए मैं सत्यनारायण नाम से उनका जिक्र करूँगा।

अब मैं आता हूँ अपनी दादी की समस्या पर। मुहल्ले में यह खबर फैल गई कि मेरी दादी के सन्तान योग नहीं है, अगर कोई स्त्री उन्हें अपनी भावी सन्तान दान कर दे तो उन्हें पुत्र हो सकता है। जब यह खबर सत्यनारायण को मिली तो वह सीधे हमारे घर की तरफ चल पड़ा। उसकी पत्नी के चार पुत्र थे, उन्हीं से वह परेशान थी। फिर मेरे बाबा ने सत्यनारायण को मृत्यु के मुख से बचाकर उसका सुहाग वापस कर दिया था। और उसके पति को पोस्टमैन की नौकरी दिलाकर उसे आवारागर्दी से बचा लिया था तथा उसकी रोजी लगा दी थी।

आते ही उसने मेरी दादी से कहा कि वह अपनी भावी सन्तानें मेरी दादी को देने आया है।

पंडित सत्यनारायण कात्यायन गोत्र का कनौजिया ब्राह्मण था। दूसरे

दिन उनकी ब्राह्मणी मेरी दादी को कालीजी के दर्शन कराने ले गई और वहीं भद्रकाली की मूर्ति के सामने मेरी दादी को एक लात मारकर कहा, "जा, अपने आगे वाले बेटवा तुंहि का दान दे दीन।" और इस तरह अपनी भावी सन्तानें दादी को दान करके स्वयं बाँझ बन गई। परिवार नियोजन के कार्यक्रम में उस ब्राह्मणी का कितना बड़ा योगदान था, लेकिन उन दिनों लोगों ने न परिवार नियोजन शब्द सुना था, न उन्हें इसका महत्त्व पता था।

इस घटना के एक साल बाद ही मेरी दादी को पुत्र हुआ। बड़े जश्न मनाए गए, बड़ी गौनाई-बजनई हुई। कृपा काली की थी जिनके सामने सत्यनारायण की ब्राह्मणी ने मेरी दादी को अपनी सन्तान दान दी थी। तो उस पुत्र का नाम रखा गया कालीचरण। यह श्री कालीचरण मेरे सगे ताऊ थे।

मेरे बाबा इस चमत्कार से गद्‌गद। पंडित सत्यनारायण मुहल्ला पटकापुर से प्रायः तीन-चार मील दूर मौजा घुसरे मऊ के मूल निवासी थे। मेरे बाबा ने घुसरे मऊ में एक जमीन खरीदी, वहाँ उन्होंने कालीजी की एक मढ़िया बनवाई, मढ़िया के इर्द-गिर्द बाग-बगीचे के लिए उन्होंने कुछ जमीन छोड़ दी और पंडित सत्यनारायण को उन्होंने उस मन्दिर का पुरोहित बना दिया।

तीन साल बाद मेरी दादी ने एक और पुत्र को जन्म दिया और उसका नाम रखा गया देवीचरण। यह श्री देवीचरण मेरे पिता थे। फिर मेरी दादी को और कोई सन्तान नहीं हुई। ब्राह्मणी के भाग्य में जो सन्तानें बाकी थीं उनका कोटा खत्म हो चुका था।

कालान्तर में मेरी दादी भी स्वर्ग सिधार गईं। उनकी मृत्यु के समय मेरे पिता की तथा मेरे ताऊ की उम्र कितनी रही होगी, मेरी बड़ी बुआ ने इस पर कोई प्रकाश नहीं डाला। लेकिन वह बच्चे ही रहे होंगे, इतना तै है। लेकिन मेरी पहली दादी के जो तीन पुत्र हुए थे, वह निश्चय ही बड़े हो गए थे, और सम्भवतः उनके शादी-विवाह भी हो गए थे।

मेरे बाबा बड़े चाक-चौबन्द थे। तभी तो अपने जीवनकाल में ही अपनी दोनों पत्नियों के पुत्रों के बीच अपनी अचल सम्पत्ति का बँटवारा कर दिया था। उस तीन घरों में जिन्हें मिलाकर उन्होंने एक बनाया था, बीच वाला मकान उन्होंने अपनी प्रथम पत्नी के तीन पुत्रों के बीच बाँट दिया। बाएँ हाथ वाला मकान जो अपेक्षाकृत छोटा था, मेरे ताऊ और पिता के नाम कर दिया। दाहिने वाले घर में वह स्वयं रहकर वानप्रस्थ का जीवन व्यतीत करने लगे। वह दाहिने हाथवाला घर काफी छोटा था। ऊपर एक बड़ा-सा कमरा

उसके आगे टीन से छाया हुआ बरामदा, नीचे ऊपर वाले कमरे के आकार का कमरा और उसके आगे एक खुला हुआ बरामदा। यह दाहिने हाथ वाला मकान उन्होंने मेरे ताऊ और मेरे पिता के नाम लिखकर दोनों पत्नियों के पुत्रों के हिस्से बराबर कर दिए थे। जो दो गाँव उन्होंने खरीदे थे उनमें एक गाँव पहली पत्नी के पुत्रों के नाम कर दिया, दूसरा गाँव मेरे पिता और मेरे ताऊ के नाम कर दिया। मेरी बड़ी बुआ मेरे पिता और मेरे ताऊ की देखभाल करती थीं, इसलिए वह हम लोगों के जिम्मे पड़ी थीं।

3

अपने बचपन की बहुत कम बातें मुझे याद हैं। और सच पूछा जाए तो मुझे इस बात का जरा भी दुख नहीं है। क्या-क्या याद रखा जाए, क्या-क्या भूला जाए—यह मनुष्य के वश की बात नहीं, मनुष्य की प्रकृति इस बात का निर्णय ले लिया करती है, उसके अनजाने ही।

मुझे अपने पिता की बड़ी धुँधली-सी याद है, स्वस्थ दोहरे बदन के नाटे-से आदमी बड़ी-बड़ी मूँछें, गम्भीर प्रकृति के कुछ इसी तरह की आकृति थी उनकी। सन 1908 के गार्च के महीने में कानपुर में प्लेग का प्रकोप हुआ और मेरे पिता प्लेग के शिकार हुए। तब मैं, साढ़े चार वर्ष का था।

मुझे कुछ इतना याद है कि वह कमरे में लेटे थे और सब लोग रो रहे थे। मेरी समझ में नहीं आ रहा था कि वह सब क्या हो रहा है। और तभी मेरे बड़े ताऊ श्री सूरज प्रसाद मुझे अपने साथ लेकर अपने कमरे में चले गए। मुझे अपने कमरे में छोड़कर वह फिर मेरे पिता के कमरे में लौट गए। और मैं सड़क पर घूमने चला गया। घर में कुहराम मचा था, मुझे कुछ अजीब-सा लग रहा था।

मेरी माता का कहना था कि उस उम्र में भी मैं बड़ा बुद्धिमान था।

जब मैं अपने पिता के कमरे में था, पिता से गोदान कराने की बात चल रही थी। लेकिन गाय कहीं नहीं। जब मैं सड़क पर घूम रहा था, तो मैंने देखा कि एक आदमी अपनी गाय बेचने के लिए आवाज लगा रहा था। मैंने तत्काल उस आदमी को बुलाया, अपनी माता को खबर दी कि एक गाय बिकाऊ है, और मेरी माता ने वह गाय खरीदकर मेरे पिता से गोदान करा दिया। लेकिन मुझे वह सब याद नहीं, इस गोदान पर मुझे मेरी याद में कभी विश्वास भी रहा होगा, मुझे इस पर भी शक है।

शायद अपने पुत्र की बुद्धि और प्रतिभा की स्थापना के लिए मेरी माता ने यह कहानी अपनी कल्पना से गढ़ ली हो—स्त्री अपने पुत्र के लिए क्या-क्या नहीं कर सकती !

बचपन में अपनी बुद्धिमता और प्रतिभा की कोई भी बात मुझे याद नहीं, हाँ इतना अवश्य याद है कि मैं निहायत खिलाड़ी किस्म का लड़का था। पढ़ने-लिखने से मैं भागता था, जैसे आवारापन मेरी नस-नस में भरा हो। गुल्ली-डंडा खेलना, लट्टू नचाना, पतंग उड़ाना—उन दिनों बच्चों में जितने शौक पाए जाते थे, वे सबके सब मुझमें थे। जीवन में कौतूहल था एक जबर्दस्त प्राणशक्ति थी मुझमें।

मेरे घर में मुंशीगिरी की कोई परम्परा नहीं थी और सम्भवतः इसीलिए कायस्थों की परम्परा के प्रतिकूल मेरी शिक्षा हिन्दी में ही आरम्भ करवाई गई थी। इसका एक कारण और भी हो सकता है। मेरे पिता सम्भवतः उदार विचार वाले राष्ट्रीय भावना के आदमी थे, लेकिन मेरी बड़ी दादी के छोटे पुत्र, यानी मेरे ताऊ श्री प्रयागदत्त निहायत हँसमुख, उन्मुक्त स्वभाव के आदमी थे और पक्के आर्यसमाजी थे।

वे लखनऊ में रेलवे की नौकरी में थे और वहीं वे आर्यसमाजी बने थे। मांस-मदिरा का सेवन उन्होंने छोड़ दिया था। न जानते हुए भी वे सन्ध्या हवन करते थे। उनकी याद मुझे अच्छी तरह से है। गोल-मटोल आदमी, आवाज में एक तरह की कड़क और ललकार। वह रेलवे की नौकरी से रिटायर होकर कानपुर आ गए थे।

उनके एक पुत्र था, उसका नाम था स्वरूपनारायण। मुझसे उम्र में सात-आठ साल बड़े। घरवाले उन्हें लखनऊ बाबू कहते थे क्योंकि उनके जीवन का अधिकांश भाग लखनऊ में बीता था। वे विधुर थे और बीच वाले मकान के सबसे अधिक खुले हुए कमरे में अकेले रहते थे। उन तीन भाइयों में स्वरूपनारायण ही एक सन्तान थी इसलिए उनके घर के सभी

व्यक्तियों का लाड़-प्यार उस पुत्र पर केन्द्रित था और बेचारे लखनऊ बाबू वास्तविक पुत्र-सुख से वंचित थे।

लेकिन अपने इस अभाव को उन्होंने कभी अनुभव ही नहीं किया। मैं पितृहीन था तो उन्होंने अपनी ममता मुझ पर उड़ेल दी थी। आज भी उनकी वह मूर्ति मेरी कल्पना में है—साक्षात भोलानाथ के अवतार, और भोलानाथ की-सी आदतें भी क्योंकि वह नित्य भाँग छानते थे, खुद अपने हाथ से घोटकर। चूँकि वह मुझे बहुत प्यार करते थे और मेरा अधिकांश समय उनके साथ बीतता था। जब वह भाँग छानते थे तब प्रसाद के रूप में एक गिलसिया (गिलास) भाँग मुझे भी पिला देते थे। यह नित्य का नियम-सा बन गया था। एक दिन मुझे नशा कुछ अधिक हो गया और माता के सामने पोल खुल गई कि मेरे ताऊ लखनऊ बाबू मुझे भँगेड़ी बना रहे हैं। फिर क्या था, मेरी माता जो चंडिका का रूप धारण करके लखनऊ बाबू के कमरे में पहुँचीं और उन्हें खरी-खोटी सुनाने लगीं तो लखनऊ बाबू की सिट्टी-पिट्टी गुम। सीधे घर के बाहर भागे। लेकिन आदतें तो आसानी से छूटती नहीं, चाचा-भतीजे का प्रेम जैसा था वैसा बना रहा। भाँग अब भी पिलाते थे, लेकिन बहुत थोड़ी-सी कि कहीं भेद न खुल जाए।

मेरा ऐसा खयाल है कि यह भाँग पीने की लत उन्हें कानपुर में ही बचपन से पड़ गई होगी। पटकापुर में कनौजिया ब्राह्मणों में भाँग का प्रचलन उसी तरह था जिस तरह शराब का प्रचलन कायस्थों में था। लखनऊ में भी इनका साथ कनौजिया ब्राह्मणों का ही था। यद्यपि भाँग और शराब—दोनों का ही सेवन महर्षि दयानन्द द्वारा वर्जित था, लेकिन उन दिनों, यानी सन 1909-10 के आसपास आर्यसमाज को लोकप्रिय बनाने के लिए आर्यसमाज के नेताओं ने आर्यसमाज के अनुयायियों को कुछ खुली छूटें दे दी थीं, खाने-पीने के मामले में। घास-पार्टी, मांस-पार्टी आर्यसमाज में ये दो पार्टियाँ बन गई थीं। लखनऊ बाबू घास-पार्टी में सम्मिलित हो गए थे, अपने ऊपर कनौजियों के प्रभाव के कारण। आर्यसमाजियों द्वारा भाँग खुले आम पी जा सकती थी, शराब लुका-छिपाकर। लेकिन आर्यसमाजी होने के लिए सन्ध्या-वन्दन करना अनिवार्य था। वेदमन्त्रों को कंठस्थ करना ऐच्छिक था, विवाह शादियों में प्राचीन सनातन धर्म प्रथा का निबाहना ऐच्छिक था। वैसे आर्यसमाजी अपने घरों में मूर्ति-पूजा कर सकते थे, लेकिन सामूहिक रूप से मूर्ति-पूजा का खंडन हरेक आर्यसमाजी का धर्म था। विधवा-विवाह को अपने परिवारों पर लागू न करना ऐच्छिक था, लेकिन विधवा-विवाह

और अछूतोद्धार का ढिंढोरा पीटना अनिवार्य था।

आर्यसमाज उत्तर भारत में हिन्दुओं के पुनर्जागरण का प्रतीक था। और इस हिन्दू पुनर्जागरण का एक महत्त्वपूर्ण कार्यक्रम था उर्दू को हटाकर हिन्दी की स्थापना करना। मेरे पिता तथा अन्य ताऊ अपनी आदतों से मजबूर, आर्यसमाजी तो नहीं बन सके लेकिन उन्होंने हिन्दी को अपनाने का कार्यक्रम स्वीकार कर लिया था।

हिन्दी में मेरा अक्षर ज्ञान कराया गया और अपने घर से करीब चालीस-पचास कदम पर जो म्यूनिसिपल बोर्ड की पाठशाला थी उसमें मुझे भर्ती करा दिया गया। समस्त पाठशाला के लिए एक बड़ा-सा तल था। कक्षा अ से लेकर कक्षा तीन तक शिक्षा देने की व्यवस्था थी वहाँ। कच्चे फर्श पर टाट की पट्टियाँ पड़ी रहती थीं जिन पर लड़के बैठते थे, अध्यापकों के लिए स्टूल थे, लेकिन अक्सर वह खड़े होकर पढ़ाया करते थे। तो यह अध्यापक, जिन्हें लड़के पंडितजी या मौलवी साहेब कहते थे हाथ में बेंत लेकर बच्चों को पाठ रटाते थे।

वैसे मैं पढ़ने में तेज था। चटपट पाठ याद कर लेता था। लेकिन तबीयत में खेलकूद और आवारगी। घर में सबसे बड़ा बालक मैं था। मेरा छोटा भाई तीन-चार वर्ष का था। मेरे सगे ताऊ श्री कालीचरण को मैं बड़े चाचा कहता था, उनकी दूसरी पत्नी से कोई सन्तान अभी तक न हुई थी। पहली पत्नी से एक लड़की थी जिसका विवाह हो चुका था। बड़े चाचा बच्चों के प्रति उदासीन थे। नतीजा यह हुआ कि मैं स्कूल के समय मुहल्ले के आवारा लड़कों के साथ गुल्ली-डंडा या कबड्डी खेलने निकल जाया करता था। स्कूल जाने पर अच्छी पिटाई होती थी। अक्सर पंडितजी तीन-चार लौंडे भेजते थे मुझे जबर्दस्ती पकड़ लाने के लिए। इन लौंडों के हाथ अगर मैं पड़ गया तो हाथ पैर मारते हुए, रोते हुए और गालियाँ देते हुए मुझे स्कूल जाना पड़ता था। तीन-चार साल मुझे उस म्यूनिसिपल स्कूल के पट्टों पर बैठकर पढ़ना पड़ा। वहाँ से दर्जा दो पास कर लिया मैंने।

आगे पढ़ने के लिए किसी दूसरे स्कूल में प्रवेश पाना था। मेरे घर से सबसे नजदीक था आर्यसमाज स्कूल, करीब ढाई फर्लांग की दूरी पर। लखनऊ बाबू थे आर्यसमाजी, तो उन्होंने मुझे अपने साथ ले जाकर वहाँ भर्ती करा दिया। इस समय तक मेरी आदतें कुछ सुधर गई थीं, जी लगाकर मैं पढ़ने-लिखने लगा था। इस स्कूल में आने के बाद तो मैं पूरी तौर से आर्यसमाजी बन गया था। सन्ध्या वन्दन, वेदमन्त्रों का पाठ—इन सबों के

प्रति अजीब-सा आकर्षण था, यद्यपि हनुमानचालीसा और संकटमोचन पर पूर्ववत आस्था बनी हुई थी। कविताओं को मैं गाकर पढ़ता था, संगीत में मेरी अपार रुचि थी यद्यपि उन दिनों वाला वातावरण संगीत का था ही नहीं। कायस्थों में विवाह-शादियों और उत्सवों के समय वेश्याओं का नृत्य होता था, लेकिन आर्यसमाज के प्रभाव के कारण वेश्या का नृत्य देखना मैं पाप समझता था। विधवा होने के कारण मेरी माता तो निरामिष थी हीं, मैंने भी आर्यसमाज के प्रभाव में आकर मांस खाना छोड़ दिया था। इस बीच मेरे ताऊ लखनऊ बाबू का स्वर्गवास हो गया और मेरा भाँग का सिलसिला भी टूट गया। मैं आर्यसमाज स्कूल के तेजस्वी बालकों की पंक्ति में आ गया और चौथे दर्जे में मुझे प्रथम स्थान प्राप्त हुआ। उन दिनों प्रथम स्थान प्राप्त करनेवालों को डबल प्रमोशन मिलता था, तो मैं चौथे दर्जे से सीधे छठे दर्जे में आ गया।

बचपन में मेरे जो अध्यापक थे उनकी शक्लें अब मेरी याद में नितान्त धुँधली पड़ चुकी हैं। उनके नाम मैं भूल चुका हूँ। हाँ, एक नाम मुझे अभी तक याद है, वह नाम है पंडित शिवाधार का। वह आर्यसमाज स्कूल में गणित के अध्यापक थे। मैं छठे दर्जे में पढ़ रहा था, पाँचवाँ दर्जा लाँघ करके, एक साल की पढ़ाई पूरी करनी थी। वह भी कर रहा था। एक दिन पंडित शिवाधार गणित का एक प्रश्न समझा रहे थे। प्रश्न मेरी समझ में आ गया था और एकाएक उन्होंने मुझसे पूछा, "समझ गए ?"

मैंने कहा, "हाँ पंडितजी।"

उन्होंने कहा, "तो यह सवाल करो।" और उन्होंने प्रश्न ब्लैकबोर्ड पर लिख दिया।

न जाने क्यों मैं एकाएक घबरा गया और मैं प्रश्न हल न कर पाया। उन्होंने पंखे से बँधी मोटी रस्सी से मुझे पीटना आरम्भ कर दिया। वह मुझे मारते रहे जब तक कि मैं बेदम न हो गया। वहाँ से मैं सीधे घर आया, मेरी पीठ पर रस्सियों के दाग उछल आए थे। और मुझे बुखार आ गया था। मेरी माता मेरी हालत देखकर तड़प उठीं। दवा लगाई गई, तीन-चार दिन मैं बिस्तर पर पड़ा रहा। उस मास्टर की शिकायत करने वाला घर में कोई था नहीं, मेरे बड़े चाचा श्री कालीचरण को अपने से ही फुर्सत नहीं थी और मेरी माता पर्दे में रहनेवाली, घर में बन्द। केवल इतना हुआ कि उस स्कूल से मेरी माता ने मेरा नाम कटवा दिया। यह घटना सन 1915 की है। मैं उस समय पूरे बारह साल का भी नहीं हुआ था।

विवशताओं और परिस्थितियों से निरन्तर संघर्ष का मनुष्य के निर्माण में बड़ा हाथ होता है, आज मैं स्पष्ट रूप से यह कह सकता हूँ।

मैं कह चुका हूँ कि मेरे पिता की मृत्यु जब हुई थी मैं पूरे पाँच वर्ष का भी नहीं था। मेरे बाबा के पुत्रों के दो परिवार अलग-अलग घरों में रहते थे। आर्थिक मामलों में या घर के प्रबन्ध के मामलों में किसी परिवार को दूसरे परिवार से कोई प्रयोजन नहीं था। मेरे परिवार में वयस्क और कर्ता के रूप में मेरे ताऊ कालीचरणजी ही थे जिन्हें मैं बड़े चाचा कहता था।

बाबू कालीचरण हृष्ट-पुष्ट कद्दावर आदमी थे। किस कदर रईस तबीयत के। उन दिनों के हिसाब से वह पढ़े-लिखे भी काफी थे, यानी एफ. ए. पास कर लिया था उन्होंने। उन दिनों एफ.ए.—आज इंटरमीडिएट कहलाता है—पास कर लेने की बड़ी बात थी। उन दिनों वह म्यूनिसिपल स्कूलों के डिप्टी इंस्पेक्टर थे। इसके पहले वह कानपुर के खत्री स्कूल के हेडमास्टर थे। यह खत्री स्कूल उन दिनों मिडिल स्कूल था, लेकिन कानपुर का एक महत्त्वपूर्ण स्कूल समझा जाता था क्योंकि कानपुर नगर के बड़े-बड़े रईस और व्यापारी उन दिनों खत्री ही थे। मारवाड़ी समाज ने उस समय तक कानपुर के व्यापार और जन-जीवन में प्रवेश नहीं किया था।

हमारे परिवार के सबसे दबंग और रोबदार आदमी मेरे बड़े चाचा बाबू कालीचरण ही थे। उनके पास मेरे बाबा की रईसों की परम्परा थी, बिना किसी झिझक के बराबरी से कानपुर के रईसों से मिलते-जुलते थे। उनके शौकों में भाग लेते थे। एक तरह से उन्होंने कानपुर के रईसों की परम्परा अपना ली थी। लेकिन हमारा परिवार तो मध्यवर्गीय ईमानदार परिवार था। बड़े चाचा की सारी शान-शौकत घर के बाहर यार-दोस्तों में चलती थी। घर में तो वही मध्यवर्ग की परम्परा। एक तरह से वह घर के बाहर के आदमी बन गए थे। परिवार के प्रबन्ध से उदासीन।

मेरी ताई, उन्हें मैं नई चाची कहता था। कुछ कोमल स्वभाव की स्त्री थीं। सुन्दर, अतिशय सीधी, अनुभवहीन और विवश। उनके उस समय तक एक पुत्री हो चुकी थी, उम्र में मुझसे करीब चार साल छोटी, और गोदी में दो-ढाई साल का पुत्र। मैं अपनी नई चाची को अपनी माता की तरह ही मानता था। वह उम्र में मेरी माता से छोटी थीं—बड़े चाचा के दूसरे विवाह की पत्नी थीं न। घर की आर्थिक जिम्मेदारी तो वह जैसे-तैसे थोड़ा-बहुत सँभाल लेती थीं। लेकिन घर के प्रबन्ध सँभालने की योग्यता अथवा प्रवृत्ति उनमें नहीं के बराबर थी। घर के प्रबन्ध की समस्त जिम्मेदारी मेरी माता

पर थी।

और घर का प्रबन्ध सँभालने में मुझे नौ-दस साल की उम्र से ही अपनी माता का हाथ बँटाना पड़ा। बाजार से सब्जी-तरकारी लाना, पटकापुर से करीब दो-ढाई मील की दूरी पर मंडी की टाल से लकड़ियाँ लाना, ग्वाले के यहाँ से अपने सामने दुहा कर दूध लाना और कभी-कभी अपने बड़े चाचा के लिए माल रोड की शराब की दुकान से व्हिस्की या फिर घर में आए हुए मेहमानों के लिए हौली से ठर्रे की बोतल लाना मेरा काम था। ग्यारह-बारह की उम्र में मैं समस्त कानपुर नगर में पैदल चक्कर लगा लेता था।

आर्यसमाज स्कूल में जो मार पड़ी थी उसकी चोट अच्छी हो जाने के बाद मैं उठा तो किसी ने मुझे बताया कि कानपुर में एक नया स्कूल खुला है—थियोसोफिकल। स्कूल बड़ा शानदार आधुनिक ढंग का था, वहाँ लड़कों को पीटा नहीं जाता था। स्कूल सिविल लाइन्स में था। मेरे घर से करीब डेढ़-दो मील की दूरी पर, नगर के विद्यार्थी वहाँ बहुत कम जाते थे। और मैंने अपना नाम उस स्कूल में ही लिखा लिया छठे दर्जे में। मैं रोज अकेले पैदल स्कूल जाता था और वहाँ से लौटता था। इसमें मुझे मजा ही आता था। मेरे बड़े चाचा को शायद इसका पता भी न था कि घर में क्या हो रहा है और कैसे हो रहा है।

बड़े चाचा को अपनी रंगीनी से इतनी फुरसत ही नहीं थी कि वह अपनी जमींदारी सम्हालते। तो मेरी माता की अनुमति प्राप्त करके उन्होंने हमारे गाँव बेच दिए। कुल दस हजार रुपयों में। जरा-सी जमीन भी नहीं रखी उन्होंने अपने पास। यहाँ तक कि वह कालीजी का मन्दिर जो मेरे बाबा ने बनवाया था, उसकी व्यवस्था भी मेरे बाबा मेरे परिवार पर छोड़ गए थे। वह भी बिना किसी देख-भाल के पड़ा खंडहर बन रहा था।

दस हजार के आधे पाँच हजार रुपए पाँच प्रतिशत वाले बांडों के रूप में हम दोनों नाबालिगों के नाम—यानी मेरे और मेरे छोटे भाई आनन्द स्वरूप के नाम—डिस्ट्रिक्ट जज की संरक्षता में खजाने में जमा हो गए। हम लोगों को उसका सालाना ब्याज मिलता था। तो ढाई सौ रुपया यानी करीब बीस रुपए महीने की आय थी हम दोनों भाइयों की। और एक स्वाभिमानी स्त्री की भाँति मेरी माता ने इस आय से दस रुपया महीना अपने और अपने पुत्रों की ओर से नई चाची को देना आरम्भ कर दिया। शेष दस रुपयों में हम दोनों की पढ़ाई-लिखाई, कपड़े लत्ते और हम लोगों का जेब खर्च।

अपनी माता के उस साहस पर आज मुझे बेहद आश्चर्य हो रहा है, शायद जीवन में कष्ट सहने का मुझे जो साहस मिला है वह अपनी माता से मिला है।

मेरी माता एक बहुत सम्पन्न जमींदार परिवार से आई थीं। उनके बाबा हमीरपुर जिले के प्रमुख जमींदारों में थे। उनका नाम था श्री रामबख्श। रहनेवाले तो शायद वह जौनपुर जिले के थे, लेकिन ब्रिटिश सरकार की हुकूमत में वह तहसीलदार बनकर हमीरपुर आए थे। उन दिनों भारतीयों के लिए तहसीलदारी का पद बहुत बड़ा समझा जाता था—यह बात सन 1850-55 की है। रिटायर होने के पहले ही उन्होंने हमीरपुर जिले में आठ-सौ गाँव खरीद लिए थे। कुछ पूरे गाँव थे, कुछ में हिस्से थे। रिटायर होने के बाद वह हमीरपुर में ही बस गए। उनके सात पुत्र थे। सबसे बड़े पुत्र का नाम था कानजीमल। मेरी माता इन्हीं कानजीमल की सबसे बड़ी सन्तान थीं। अपने सगे या चाचाजाद भाई-बहनों में सबसे बड़ी। हमीरपुर में उनका हवेलीनुमा बहुत बड़ा मकान था। पाँच आँगनों वाला, मकान से दो-तीन मील दूरी पर जहाँ कलक्टर आदि अफसरों के बँगले थे, एक बँगला भी खरीद लिया था उन्होंने करीब छै-सात एकड़ बाग के साथ।

मेरे पिता के मरने के बाद मेरी माता से मेरे नाना ने बहुत आग्रह किया कि वह उनके साथ चलकर हमीरपुर में रहें। लेकिन मेरी माता ने उस आग्रह को ठुकरा दिया था। वह अपने पुत्रों को उनके परिवार से अलग नहीं रखना चाहती थीं। एक निहायत पिछड़े हुए प्रदेश में जहाँ शिक्षा तक की समुचित व्यवस्था नहीं थी। सब तरह की मुसीबतें उठाने को वह तैयार थीं। मेरी माता को एक प्रबल अहं मिला था। मेरे बड़े चाचा से दबकर वह कभी नहीं रहीं। मेरे सभी ताऊ उनसे घबराते थे।

मुझे लगता है कि मुझे मेरा अहं अपनी माता से ही मिला है। वह थियोसोफिकल स्कूल जिसमें मैं पढ़ता था, उच्च-मध्य वर्ग के लड़कों का स्कूल था। वहाँ एक बोर्डिंग हाउस भी था जिसमें देश के विभिन्न भागों से लड़के आकर रहते थे और मेरे पास गत के पहिरने के कपड़े नहीं थे। जूतों के फट जाने के कारण महीनों मैं नंगे पैर ही स्कूल जाता रहा। आधी पर दो पुस्तकें थीं और मेरे चेहरे पर शिकन नहीं। एक तरह की मस्ती मेरे समस्त अस्तित्व में। मेरा हुलिया देखकर ही एक अध्यापक ने बात-बात में मुझसे पूछा कि क्या मैं अपनी फीस माफ कराना चाहूँगा, और पुअर ब्वायज फंड से कुछ सहायता लेना चाहूँगा ? मुझे अच्छी तरह याद है कि

एक घायल अहं के क्रोध में भरकर मैंने रूखा-सा उत्तर दिया था, ''नहीं, मुझे यह सब नहीं चाहिए, मैं एक उच्च परिवार का लड़का हूँ, जो कुछ मैं दिखता हूँ वह अपनी लापरवाही के कारण।''

तो जीवन के प्रति मेरी माता का जो संस्कार रहा है वह स्वाभिमान का था। स्वाभिमान कहीं एक सीमा तक पहुँचकर अहमन्यता में परिणत हो जाता है, और मैं स्वीकार करता हूँ कि मेरा स्वाभिमान कभी-कभी अपनी सीमा पार कर जाता है।

एक अजीब-सी बात है, पुस्तकों में मेरी रुचि बचपन से ही नहीं रही है। इसका मुख्य कारण यह था कि बचपन से ही नितान्त अभावग्रस्त होने के कारण मुझे पाठ्य-पुस्तकें तक खरीदने में हिचक होती थी। प्रयत्न यह रहता था कि बिना पुस्तकों के काम चल जाए। और कालान्तर में मेरी यह मजबूरी मेरी प्रवृत्ति में बदल गई। आधा-परदा पढ़कर परीक्षा पास कर लेना—यह मेरी आदत बन गई। इसीलिए मैं पंडित और ज्ञानी नहीं बन सका।

थियोसोफिकल स्कूल में दिन मजे में कटते थे, खेलकूद के लिए वहाँ प्लेग्राउंड भी थे। पढ़ने-लिखने में भी मैं तेज था। छठी कक्षा में शायद चौथा या पाँचवाँ स्थान मिला था। लेकिन सातवें दर्जे में पोजीशन मिलने के स्थान पर प्रमोशन मिला, हिन्दी में मैं फेल हो गया था। वैसे अन्य विषयों में मुझे बहुत अच्छे अंक मिले थे। इसलिए दर्जा चढ़ा दिया गया था।

मेरे हिन्दी के अध्यापक थे श्री जगमोहन 'विकसित'। दुबले-पतले व्यक्तित्वहीन-से आदमी। लेकिन सहृदय और सज्जन। वह हिन्दी के कवि भी थे। नवीनयुग की खड़ी बोली की कविता लिखने में उनका थोड़ा-बहुत स्थान भी बन चुका था। उस समय के कवियों की परम्परा में उनका भी उपनाम था—विकसित।

गर्मी की छुट्टियों के बाद स्कूल खुला और विकसितजी ने मुझे बुलाया। वह दिन शायद मेरे जीवन का सबसे अधिक महत्त्वपूर्ण दिन था—उस समय तो मैंने यह अनुभव नहीं किया था, लेकिन आज मैं साफ-साफ देख रहा हूँ कि उस दिन ने जैसे मेरे जीवन क्रम को ही निर्धारित कर दिया था।

मैं विकसितजी के सामने पहुँचा। उन्होंने बड़े स्नेह के भाव से मुझसे कहा, ''तुम अपनी मातृभाषा हिन्दी में फेल हो गए। बड़े शर्म की बात है। हिन्दी में तुम इतने कमजोर क्यों हो ? और वास्तव में मेरा सर लज्जा से झुक गया, ''मैं हिन्दी सुधारने की कोशिश करूँगा। लेकिन आप बताइए

कि मैं अपनी हिन्दी किस तरह सुधारूँ। मेरे घर में तो सब लोग उर्दू पढ़े हुए हैं।''

उन्होंने कहा, ''पुस्तकालय से लेकर हिन्दी की पुस्तकें पढ़ा करो, हिन्दी के अखबार पढ़ो, विशेष रूप से हिन्दी का मासिक पत्र। आप-ही-आप तुम्हारी हिन्दी सुधर जाएगी।''

''बहुत अच्छा।'' मैंने उत्तर दिया, ''अब आपको शिकायत नहीं होगी। और मैं चला आया।

दूसरे या तीसरे दिन मैं स्कूल के पुस्तकालय से श्री मैथिलीशरण गुप्त की 'भारत-भारती' नाम की पुस्तक और 'सरस्वती' के कुछ पिछले अंक ले आया। 'भारत-भारती' दो-एक साल पहले ही प्रकाशित हुई थी और उस समय तक वह लोकप्रिय हो चली थी।

मेरा पढ़ना-लिखना मेरे बड़े ताऊ श्री सूरजप्रसाद की देख-रेख में होता था। उन्हें मैं कोठी बाबू कहता था क्योंकि वह काहू कोठी के तेजपाल जमनादास की अदालत के कारिन्दे थे। वह मेरे बाबा के मरने के बाद मकान के उस भाग में रहने लगे जिसमें मेरे बाबा रहते थे। कोठी बाबू की पत्नी जिन्हें मैं मझली चाची कहता था, मुख्य मकान की एक कोठरी में उपेक्षित-सी पड़ी रहती थीं। शायद उनमें बुद्धि और भावना दोनों का ही अभाव था—उनकी कोई सन्तान भी तो नहीं हुई थी। उस परिवार का पूरा प्रबन्ध मेरी बड़ी चाची के हाथ में था जो विधवा थीं और अत्यन्त कड़े स्वभाव की थीं। बड़ी चाची के पति यानी मेरे सबसे बड़े ताऊ थे तो पढ़े-लिखे और कानपुर में ही उन्हें रेलवे की अच्छी-खासी नौकरी मिल गई थी, लेकिन अपनी लड़ाकू और कर्कशा पत्नी से इस कदर तंग आ गए थे, कि उनकी आदतें ही बिगड़ गईं और उनकी अकाल मृत्यु हो गई थी। मेरी बड़ी चाची का बड़ा कठोर शासन था मेरे सौतेले ताओं पर, और कोठी बाबू जो अपनी शक्ति के लिए अलग-अलग मेरी बड़ी चाची की डाँट-डपट से दूर रहना चाहते थे, उस खंड में रहने लगे थे। तो यह कोठी बाबू मुहल्ले के बड़े प्रतिष्ठित व्यक्ति थे और मुझे काफी प्यार करते थे। कभी-कभी दो-चार पैसे भी दे देते थे।

मैं दिन में उनके कमरे में ही रहता था—कमरे के सामने जो बरामदा था वह पूरब की ओर था—वहाँ से सड़क दिखाई देती थी, बाजार दिखाई देता था, आँखों के आगे चहल-पहल रहती थी। लाइब्रेरी की किताबें और पत्र-पत्रिकाओं को लेकर वहीं बैठकर पढ़ने लगा। तो उस दिन कोठी बाबू

कहीं गए थे और मैं अकेला उनके कमरे के सामने वाले बरामदे में था। अगस्त का पहला या दूसरा सप्ताह रहा होगा, एकाएक पूरब से काली घटा घिर आई और झमाझम पानी बरसने लगा। स्कूल में छुट्टी थी और मैं 'भारत-भारती' लेकर पढ़ने बैठ गया। मेरा कंठ सुरीला था, और मुझे लय का भी खासा बोध था। मैं जन्मजात संगीतज्ञ था। 'मौज में मल्हारे गाओ' की कहावत के अनुसार मैंने 'भारत-भारती' का सस्वर पाठ आरम्भ कर दिया।

और तभी अन्तर की एक पर्त-सी अचानक खुल गई। उस उमंग में मुझे लगा कि मैं भी कविता लिख सकता हूँ। मैंने पैंसिल हाथ में ले ली, और एक कागज पर सात-आठ पंक्तियाँ कविता के रूप में लिख डालीं। दूसरे दिन जब मैं स्कूल गया तो वह कागज अपने साथ लेता गया। मौका पाकर एकान्त में मैंने 'विकसितजी' को अपनी बचकानी कविता दिखाई। आश्चर्य से उन्होंने मेरी कविता देखकर, मुझे देखा। उन्होंने तो मेरी हिन्दी सुधारनी चाही थी, मेरे कवि बनने की कल्पना तो उन्होंने की ही नहीं होगी। फिर उन्होंने, मैंने कविता के नाम पर जो कुछ लिखा था, वह पढ़ा। जिसे हम संगीत में लय और ताल कहते हैं और कविता में छन्द कहते हैं, वह दोनों चीजें एक ही हैं, केवल इन दो कलाओं में उनके नाम बदल जाते हैं। लय का बोध तो मुझे था, लेकिन कविता में छन्द क्या होता है, मात्राएँ क्या होती हैं, इनका ज्ञान मुझे नहीं था। 'विकसितजी' ने मेरी कविता पढ़कर मुझे बताया कि कविता में छन्द क्या होता है, मात्राएँ क्या होती हैं और कैसे गिनी जाती हैं। करीब आधे घंटे में उन्होंने मुझे सब-कुछ बतला दिया और मैंने समझ लिया। उस दिन कविता का पहला पाठ किसी दूसरे व्यक्ति से पढ़ा था और साथ ही यह आखिरी पाठ भी था। इसके बाद सृजनात्मक साहित्य के सम्बन्ध में मैंने किसी दूसरे से कुछ नहीं सीखा। जो कुछ सीखा वह अपने से, अपने अन्दर से।

4

मैं एक तरह से नास्तिक कहा जा सकता हूँ। वैसे मुझमें ईश्वर के प्रति अविश्वास नहीं है, मानव के जो गुण समझे जाते हैं, मैं भरसक उनका अनुयायी हूँ, लेकिन वह अन्धविश्वास, वह आस्था, वह पूजा-पाठ, जिन्हें आस्तिकता का प्रमुख अवयव समझा जाता है, वह धीरे-धीरे मेरा साथ छोड़ चुके हैं।

मेरा बचपन असीम आस्थाओं और विश्वासों से भरा था, मैं बड़ी धार्मिक प्रवृत्तियों का बालक था। देवी-देवताओं पर विश्वास, उनकी शक्तियों पर विश्वास, और साथ में पूजा-पाठ। ये प्रवृत्तियाँ मुझमें इतनी प्रचुर क्यों थीं, मैं आज तक चक्कर में हूँ। मेरी माता एक तरह से विश्वासी, एक तरह से अविश्वासी ! परम्परा के अनुसार व्रत-त्यौहार वह सब-कुछ मनाती थीं, लेकिन मैं जानता हूँ कि उन्हें इन सब में कोई आस्था नहीं थी और मरने तक उन्हें इन सबों में कोई आस्था नहीं रही। मेरे बड़े चाचा को एक तरह से इस धर्म-कर्म में अरुचि थी। और आज मुझे लगता है कि वह सब जो बाल्यकाल में मेरे अन्दर था, सामाजिक परिवेश का प्रभाव था, जिससे मुझे यह नतीजा निकालना पड़ता है कि सामाजिक परिवेश का मनुष्य के जीवन

में बड़ा प्रभाव पड़ता है।

कानपुर के जिस मुहल्ले में रहता था वह कान्यकुब्ज ब्राह्मणों का मुहल्ला था। वहाँ का समस्त वातावरण धर्म का तो नहीं, धार्मिक दिखावे का अवश्य था। तिथि-त्यौहार बड़ी शान से मनाए जाते थे, प्रतिवर्ष धूमधाम के साथ रामलीला होती थी। हरेक घर में रामायण की पूजा होती थी। रामलीला में हारमोनियम और तबले के साथ रामायण की चौपाइयाँ, दोहों तथा छन्दों का सस्वर गायन होता था। मैं कह चुका हूँ कि बचपन से ही मुझ पर किसी तरह का शासन नहीं रहा, मैं मनमाना घूमा करता था। मैं रामलीला में रामायण का जो पाठ होता था, उसमें बड़े चाव से योग देता था। मेरा कंठ सुरीला था ही, लय पर मेरी पकड़ थी।

अगर एक प्रतिष्ठित मध्यवर्ग के परिवार में मेरा जन्म न हुआ होता और उस मध्यवर्ग की परम्पराओं एवं निष्ठाओं के बन्धन से मैं न जकड़ा होता तो मैं निश्चय ही संगीतकार बन गया होता। उन दिनों नृत्य-संगीत-अभिनय–यह सब मध्यवर्ग में बड़ी हीन दृष्टि से देखे जाते थे, तो उस ओर मैंने कभी ध्यान नहीं दिया और न मैंने संगीत की शिक्षा ली। वैसे जितनी भी कलाएँ हैं उनका आधार लय है और लय का बोध उस कच्ची उम्र में ही था। स्कूल में मैंने सस्वर कविता-पाठ में न जाने कितने पुरस्कार पाए थे।

मेरे अन्दर वाला कलाकार जाग उठा था, उसी अल्प अवस्था में, और मेरे अन्दरवाली चेतना भी धीरे-धीरे जाग रही थी। प्रथम महायुद्ध चल रहा था, और उस महायुद्ध के क्रम में भारतवर्ष की राजनीतिक चेतना भी करवटें बदल रही थी। गुलामी के बन्धनों को तोड़ने के लिए देश छटपटा रहा था। इस राजनीतिक चेतना के प्रभाव से मैं भी अछूता नहीं रह सका। यद्यपि सक्रिय राजनीति में मेरी प्रवृत्ति कभी नहीं रही।

मध्यभारत से एक प्रतिभाशाली नवयुवक कुछ साल पहले कानपुर आया–उसका नाम था गणेशशंकर विद्यार्थी। उसने कानपुर के दो देशप्रेमी व्यक्तियों के सहयोग से राष्ट्रीय चेतना का प्रतीक एक साप्ताहिक पत्र निकाला–'प्रताप'। यह दो व्यक्ति थे श्री शिवनारायण मिश्र और श्री नारायणप्रसाद अरोड़ा। तो 'प्रताप' में राजनीति और साहित्य दोनों ही थे। यह वह काल था जब हिन्दी का अधिकांश साहित्य राजनीति में सिमट रहा था, समय की पुकार के अनुसार। शिक्षित नवयुवकों में अंग्रेजों की गुलामी के प्रति विद्रोह तथा देशप्रेम की भावना जाग रही थी। 'प्रताप' में देशभक्ति की ओजस्वी कविताएँ छपती थीं जो मुझे अतिशय प्रिय लगती थीं।

विकसितजी ने कविता के नियमों के सम्बन्ध में मुझे जो कुछ बताया था, उसे ध्यान में रखकर मैंने कविताएँ लिखनी आरम्भ कर दी थीं। थियोसोफिकल स्कूल से एक हस्तलिखित मासिक पत्रिका प्रकाशित होती थी, उसमें मैंने अपनी दो-तीन कविताएँ प्रकाशित कराईं। मेरे हौसले और बढ़े। एक दिन मैं अपनी एक कविता लेकर प्रताप ऑफिस पहुँचा।

'प्रताप' के सम्पादक, व्यवस्थापक या सब-कुछ श्री गणेशशंकर विद्यार्थी ऑफिस के बाहरी हॉल में बैठे थे। मैं उन्हें पहचानता था, मैं उनके पास पहुँचा। उन्होंने मुझसे पूछा, "कैसे आए ? क्या काम है ?"

लड़खड़ाते स्वर में मैंने कहा, "प्रताप में छपाने के लिए मैं अपनी एक कविता लाया हूँ।"

उन्होंने कहा, "अन्दर के कमरे में रमाशंकर अवस्थी बैठे हैं, उन्हें दे दो !" और हाथ से लगे हुए एक कमरे की ओर संकेत करके वह फिर अपने काम में लग गए।

एक छोटा-सा कमरा, एक मेज, दो-चार कुर्सियाँ शायद 'प्रताप' का सम्पादकीय विभाग वही था। उस कमरे में कोई उन्नीस-बीस वर्ष का एक नवयुवक आँखें बन्द किए हुए मेज पर पैर फैलाए जैसे कुछ सोच रहा था या सो रहा था। मेरे आने की आहट पाकर उसने आँखें खोलीं। कुछ रोब के स्वर में उसने मुझसे पूछा, "क्या काम है ?"

मैंने अपनी कविता उसके आगे बढ़ाते हुए कहा "यह कविता मैंने लिखी है, 'प्रताप' में छापने लाया हूँ।"

कागज उसने हाथ में ले लिया, "आप जाओ, कविता छप जाएगी।" और बिना उस कविता को पढ़े हुए तथा बिना मुझे अच्छी तरह देखे हुए कविता उसने अपनी मेज की ड्रार में डाल दी और फिर उसी तरह मेज पर पैर फैलाकर अपनी आँखें बंद कर लीं।

मैं प्रत्येक सप्ताह प्रताप उलटता-पलटता था यह देखने के लिए कि मेरी कविता छपी या नहीं, और हर दफे मुझे निराश होना पड़ता था। मेरी हिम्मत न होती थी कि 'प्रताप' ऑफिस जाकर मैं यह दर्याफ्त करूँ कि मेरी कविता कब छपेगी। करीब चार महीने बाद एक दिन मैं 'प्रताप' खोलते ही उछल पड़ा, एक कविता छपी थी जिसके लेखक भगवतीचरण वर्मा थे। कविता के भाव तो करीब-करीब वही थे जो मैंने लिखे थे, लेकिन भाषा बिलकुल बदली हुई। मेरी असली और प्रकाशित होने वाली कविता की प्रथम पंक्तियाँ मुझे अभी तक याद हैं। वैसे मैं 'प्रताप' में छपी हुई

अपनी समस्त कविताओं को भूल चुका हूँ, प्रयोगवाली मेरी उन बचकानी कविताओं का साहित्य में कोई स्थान नहीं है। वो मेरी उस प्रथम छपी हुई कविता की प्रथम मौलिक पंक्ति थी :

"चलता होवे वायु हड़हड़ाता आँधी हो विकट बड़ी।"

और 'प्रताप' में छपी हुई कविता की प्रथम पंक्ति थी :

"हहर-हहर हो पवन प्रवाहित, आँधी होवे विकट बड़ी।"

मैंने 'प्रताप' की वह प्रति अपनी बगल में दबाई और मुहल्ले में मेरे जितने मिलने-जुलने वाले थे सबको मैं अपनी वह कविता दिखा गया। कवि की हैसियत से मेरी स्थापना का श्रीगणेश हो चुका था।

थियोसोफिकल स्कूल केवल मिडिल स्कूल था, आठवीं कक्षा पास कर लेने के बाद मुझे फिर किसी नए स्कूल में भर्ती होना था। कानपुर का सबसे अधिक पुराना और प्रतिष्ठित स्कूल था क्राइस्ट चर्च स्कूल—उस स्कूल के साथ क्राइस्ट चर्च कॉलेज भी था जहाँ बी.ए. तक की शिक्षा दी जाती थी, तो मैं क्राइस्ट चर्च स्कूल की नौवीं कक्षा में भर्ती हो गया।

क्राइस्ट चर्च स्कूल में प्रवेश के साथ ही जैसे मेरी पढ़ाई-लिखाई में एक व्यतिक्रम उत्पन्न हो गया। थियोसोफिकल स्कूल में आठवीं कक्षा में मुझे चौथा या पाँचवाँ स्थान मिला था। उस समय तक कविता का नशा मुझपर पूरी तरह से नहीं चढ़ा था लेकिन क्राइस्ट स्कूल में पहुँचते ही जैसे कविता के नशे ने मुझे धर दबोचा। कवियों से मिलना-जुलना, कविता के सम्बन्ध में हर वक्त चर्चा करना, कविता के सम्बन्ध में ही सोचते रहना। स्कूल की पढ़ाई में मेरा मन ही नहीं लगता था। फिर मैंने नौवीं कक्षा की पूरी पुस्तकें भी नहीं खरीदीं। कुछ पैसों के अभाव के कारण, कुछ अपनी लापरवाही के कारण। दो-एक महीने में मेरी एक-न-एक कविता 'प्रताप' में छप जाया करती थी।

उन दिनों साहित्य लिखने का ही नहीं, साहित्य पढ़ने का शौक भी बेतरह मेरे सिर पर सवार हो गया था। हिन्दी-अंग्रेजी—दोनों ही भाषाओं के जो भी उपन्यास मेरे हाथ लगते थे, मैं उन्हें पढ़ डाला करता था। चन्द्रकान्ता, भूतनाथ, बँगला उपन्यासों के हिन्दी अनुवाद, यही नहीं अनेक अंग्रेजी उपन्यास भी—जो कुछ भी मेरे हाथ लगा वह सब मैंने पढ़ डाला। नतीजा साफ था, नौवीं कक्षा में किसी तरह पास भर हो गया, स्थान मिलने का प्रश्न ही नहीं उठता था।

फिर दसवें दर्जे में आते ही मेरे परिवार पर एक भयानक विपत्ति आ गई।

मेरे बड़े चाचा बाबू कालीचरण बीमार पड़ गए। उनका इलाज आरम्भ हुआ, डॉक्टरों के यहाँ दौड़ना-धूपना, लेकिन कोई लाभ नहीं। और भी डॉक्टरों ने बताया कि उन्हें थाइसिस हो गया है। यह थाइसिस या तपेदिक उन दिनों एक असाध्य रोग समझा जाता था। घरवालों के जैसे हाथ-पैर सुन्न हो गए। लेकिन एक अजीब-सी बात थी, जैसे स्थिति की गम्भीरता का मुझे आभास तक न हो रहा था। सब-कुछ मैं कर रहा था, दवा लाना, डॉक्टर को बुलाना लेकिन सब-कुछ एक तटस्थ और निस्पृह भाव से। यह कविता का नशा था, मैं सब-कुछ भूला हुआ था उसमें।

मेरे बड़े चाचा मई या जून में जब बीमार पड़े थे 1919 में। तब दो-तीन महीने कानपुर में उनका इलाज हुआ, और फिर उन्हें उनके समस्त परिवार के साथ लेकर मुझे बाँदा जाना पड़ा। बाँदा में मेरे बहनोई यानी बड़े चाचा के सगे दामाद डॉक्टर बद्रीनाथ वर्मा सिविल सर्जन थे।

लेकिन गैलोपिंग टी.बी. असाध्य रोग था। वहाँ करीब डेढ़ महीना रहे हम लोग और वहाँ से निराश वापस लौटे। कानपुर लौटकर इलाज बदले गए, वैद्यराजों के यहाँ दौड़-धूप मची मेरी। कानपुर का कोई भी बड़ा डॉक्टर, बड़ा वैद्य और बड़ा हकीम नहीं बचा जिसके घर के चक्कर मुझे न लगाने पड़े हों।

और दिसम्बर 1919 में उनकी मृत्यु हो गई।

इतनी बड़ी विपत्ति समस्त परिवार पर, और मैं वहाँ से हिला नहीं, टूटा नहीं। मेरे चेहरे पर शिकन तक नहीं आई। उनका क्रियाकर्म मैंने किया था, मैं अपने परिवार का कर्ता बन चुका था।

वैसे बड़े चाचा के साथ मेरा कोई संयुक्त परिवार वाला सम्बन्ध नहीं था। जमींदारी और मकान का बँटवारा गौण रूप से पहले ही हो चुका था। मेरे बड़े चाचा के पास कुछ उनकी निजी अर्जित सम्पत्ति थी—रुपया बैंक में था जिसका ब्याज आता था। जहाँ तक मेरा प्रश्न है, मैंने बड़े चाचा के अभाव को तनिक भी अनुभव नहीं किया, ऐसा लगता है कि उनके प्रति मेरे अन्दर किसी तरह का लगाव नहीं रहा। और फिर सोचने लगता हूँ कि मुझे लगाव दुनिया में किसके प्रति रहा है ! भयानक रूप से अपने में केन्द्रित रहा हूँ मैं।

और 1920 में हाईस्कूल की परीक्षा—उन दिनों वह एस.एल.सी. की परीक्षा कहलाती थी, मैंने दे डाली। तै बात है कि सन् 1919 का वर्ष मेरा बड़े व्यतिक्रम में और मानसिक तनाव में बीता था। पढ़ना-लिखना असम्भव

था उस मानसिक तनाव में, लेकिन जैसे पढ़ने-लिखने के प्रति एक स्वाभाविक अरुचि ही घुस आई थी मेरे जीवन में और इसलिए मुझे किसी तरह की विविधता का बोध नहीं हुआ था। कविताएँ लिखने में मैं मस्त था—अब देशभक्ति की कविता से हटकर कुछ अन्य प्रकार की साहित्यिक कविताएँ भी मैंने लिखीं। लेकिन प्रतिष्ठित साहित्यिक पत्रिका 'सरस्वती' में कविता भेजने का साहस नहीं हो रहा था।

मई के अन्त में एस.एल.सी. का परीक्षाफल निकला और मैं फेल हो गया था। उसी दिन डाक से मुझे 'शारदा' का वह अंक मिला, जिसमें मेरी कविता छपी थी। शाम के समय परीक्षाफल देखकर मैं घर वापस लौटा और पहला काम मैंने किया कि मैं मिठाई खरीद लाया। घरवालों को मिठाई बाँटकर मैंने उन्हें बताया कि मैं फेल हो गया। सब लोग अवाक। लेकिन ताऊ की मृत्यु के बाद अब घर का कर्ता मैं हो चुका था, किसी ने मुझसे कुछ नहीं कहा, यद्यपि सबके सब बेतरह उदास थे। मैंने घरवालों को 'श्री शारदा' में प्रकाशित अपनी कविता दिखाई—मैंने उन्हें समझाने की कोशिश की कि मैं बेहद प्रसन्न हूँ, लेकिन मेरी उस प्रसन्नता का प्रभाव किसी पर नहीं पड़ा।

मुझे आज स्वयं आश्चर्य हो रहा है कि मैंने उस दिन वह सब क्यों कर डाला—शायद मेरे अन्दर कहीं किसी तरह का दुःसाहस था, और यह दुःसाहस सारी जिन्दगी मेरे साथ लगा रहा है। वैसे घरवालों को पता था कि मेरा पूरा वर्ष अपने ताऊ की बीमारी तथा उनकी मृत्यु के कारण बड़ी अव्यवस्था में बीता था, सन्तोष कर लेने के सिवा उनके पास कोई चारा भी तो नहीं था।

कानपुर में मेरे घर से करीब एक फर्लांग की दूरी पर प्रसिद्ध फूलबाग था। कानपुर की अत्यन्त घनी आबादी में वह पन्द्रह-बीस एकड़ का बड़ा सुन्दर उद्यान। नगर के मध्यवर्ग के लोग शाम के समय वहाँ घूमने आया करते थे। लम्बे-चौड़े दूब के कई मैदान—कितना सुन्दर था वह सब। लोग टोलियों में बँटकर उन मैदानों में बैठते थे, दिन-भर की थकावट मिटाते थे, मौज में गपें मारते थे और चहलकदमी भी करते थे। वहाँ नित्य प्रति आनेवाली एक टोली के प्रति मैं विशेष रूप से आकर्षित था। उस टोली के प्रमुख या नेता थे स्वर्गीय पंडित विश्वम्भरनाथ शर्मा 'कौशिक'। श्री विश्वम्भरनाथ शर्मा 'कौशिक' की गणना उन दिनों हिन्दी के प्रतिष्ठित कहानीकारों में होने लगी थी। कुछ स्थूल शरीर के सुन्दर और हँसमुख युवक, वाणी में मिठास। उनके

साथ अक्सर हुआ करते थे रमाशंकर अवस्थी, बालकृष्ण शर्मा 'नवीन', पंडित चंडिका प्रसाद मिश्र। प्रायः श्री जगमोहन 'विकसित' भी उस टोली में सम्मिलित हो जाया करते थे। उन लोगों के अलावा और भी दो-चार आदमी आया करते थे। यह सबके-सब एक घेरा बनाकर बैठते थे, फिकरेबाजी, राजनीतिक अथवा साहित्यिक बातचीत। अन्य बाहरी लोग भी अक्सर उस टोली में सम्मिलित हो जाया करते थे, किसी को वहाँ आने की रोक नहीं थी।

श्री जगमोहन 'विकसित' से मैं भली-भाँति परिचित था, 'प्रताप' में कविताएँ छपाने के सिलसिले में पंडित रमाशंकर अवस्थी और पंडित बालकृष्ण शर्मा 'नवीन' से भी कुछ जान-पहचान हो गई थी। तो एक दिन मैं भी उस टोली में जाकर बैठ गया। विकसितजी ने विश्वम्भरनाथ शर्मा 'कौशिक' से मेरा परिचय कराया—दूसरे लोगों से मेरा परिचय आप-ही-आप हो गया। और कुछ दिनों में ही मैं उस टोली का महत्त्वपूर्ण सदस्य बन गया अपनी सैलानी के कारण। उम्र में मैं उस टोली का सबसे छोटा सदस्य था।

साहित्य का एक नया रंग चढ़ रहा था मुझ पर—एस.एल.सी. की परीक्षा मैंने अगले वर्ष पास कर ली, लेकिन मुझे थर्ड डिवीजन मिला। मेरे घर वाले मेरे नाते-रिश्तेदार मेरी बुद्धि से हताश-से हो रहे थे। मेरे सबसे बड़े ताऊ बाबू सूरजप्रसाद ने मेरी माता को सलाह दी कि आगे पढ़ना-लिखना मेरे वश का नहीं है, सरकारी नौकरी प्राप्त करने की, यानी 'क्लर्क' बनने की अपेक्षित शिक्षा तो मैंने प्राप्त कर ली है, वह मुझे कचहरी में या म्यूनिसिपलबोर्ड में कोई नौकरी दिला देंगे।

मेरी माता अपने पुत्र को 'क्लर्क' बनाने पर राजी नहीं हुई। इसमें मेरी सगी ताई यानी नई चाची ने भी मेरी माता का साथ दिया। कोठी बाबू यानी मेरे बड़े ताऊ सूरजप्रसाद इन दो विधवाओं पर बेहद नाराज हुए। लेकिन हमारे परिवार पर उनका वश नहीं था। मैं क्राइस्ट चर्च कॉलेज में इन्टरमीडिएट में भर्ती हो गया।

मेरे बड़े चाचा बाबू कालीचरण की मृत्यु से घर की आर्थिक अवस्था पर कोई विशेष असर नहीं पड़ा था, बड़े चाचा तो अपनी सारी तनख्वाह अपने शौकों पर, अपने ठाट-बाट पर खर्च कर दिया करते थे। तो वह खर्च अब बन्द हो गया था। हाँ घर की शान-शौकत खत्म हो चुकी थी। तड़क-भड़क कम हो गई थी, लेकिन घर का काम-काज बदस्तूर चलता रहा।

मेरे इंटरमीडिएट में भर्ती हो जाने के फलस्वरूप मेरे परिवार और मेरे

बड़े ताओं के परिवार में शायद कुछ दूरी आ गई थी। मेरी बड़ी दादी के तीन पुत्रों के बीच केवल एक सन्तान थी—स्वरूपनारायण। श्री स्वरूपनारायण उम्र में मुझसे करीब सात-आठ साल बड़े थे। वैसे बड़े लापरवाह। दो-तीन दफे फेल होकर मिडिल पास हुए। लेकिन एस.एस.सी. की सीढ़ी नहीं चढ़ पाए। शायद मेरे कोठी बाबू ने उनकी शिक्षा की ओर विशेष ध्यान भी नहीं दिया था, अच्छी-खासी जमींदारी—यानी एक पूरे गाँव के मालिक थे वह, नौकरी करानी नहीं थी उन्हें उनसे। लेकिन अति लाड़-प्यार में पले होने के कारण बेहद सीधे और भोले, जमींदारों के तेवर भी तो नहीं थे उनमें, अजीब तरह से उनका अस्तित्व दबा हुआ था। और उन्हें स्वयं भी तो कोई काम करना था। तो उन्होंने अंग्रेजी में टाइप करना सीखा, अपने घर में उन्होंने एक टाइपराइटिंग स्कूल की स्थापना की। दोपहर के समय कचहरी में भी अपना टाइपराइटर लेकर बैठने लगे थे—रोज रुपया-दो रुपया पैदा कर लेते थे।

और मैं बड़ा बनने के सपने देख रहा था। मैं ही क्यों, मेरे परिवार वाले मेरे बड़े बनने के सपने देख रहे थे। लेकिन वह बड़प्पन क्या होगा, इसकी सुस्पष्ट रूपरेखा न मैंने बनाई थी, न मेरे परिवार वालों ने बनाई थी। बड़ा होने के अर्थ उन दिनों होते थे धनवान और प्रभावशाली होना—ऊँचा अफसर या वकील बैरिस्टर होना। अंग्रेजों की गुलामी करनेवाली जाति में भला इसके अलावा और क्या कल्पना हो सकती थी।

सन् 1920-21 वाले असहयोग आन्दोलन का श्री गणेश हो रहा था। प्रताप-परिवार से सम्बद्ध होने के नाते मुझमें राजनीतिक चेतना होनी चाहिए थी, मेरे अन्दरवाला जो साहस था उससे प्रेरित होकर मुझे अपनी शिक्षा छोड़कर उस आन्दोलन में कूद पड़ना चाहिए था, एकाध बार मेरे मन में आया भी कि मैं पढ़ना-लिखना छोड़कर असहयोग आन्दोलन में आ जाऊँ, लेकिन कहीं संस्कारजनित कायरता भी मेरे अन्दर किसी कोने में दबी पड़ी थी। वह कायरता मेरे अपने परिवार के प्रति उत्तरदायित्व में थी। मेरे ताऊ श्री कालीचरण के तीन बच्चे, मेरे छोटे भाई, घर में नई चाची और मेरी माता के रूप में पर्दे में रहने वाली दो विधवाएँ। वैसे नियतिवाद के दर्शन के आधार पर मुझे वह सब नहीं सोचना चाहिए था लेकिन उस समय तक मेरे सामने नियतिवाद के दर्शन की कोई सुस्पष्ट रूपरेखा थी, वह केवल भावनात्मक रूप में थी, बौद्धिक रूप में वह नहीं ग्रहण कर पाया था।

और सच बात तो यह है कि राजनीति के प्रति मुझमें कोई स्पष्ट

लगाव ही नहीं था। इन राजनीतिक आन्दोलनों से मैं हमेशा अपने जीवन-पर्यन्त कतराता रहा हूँ। भीड़ का भाग बनना मुझे कभी पसन्द नहीं आया। आज मैं साफ-साफ देख रहा हूँ कि मैं हमेशा से भयानक रूप से व्यक्तिवादी रहा हूँ, न मैं किसी का अनुयायी बन सका हूँ न मैं किसी को अपना अनुयायी बना सका हूँ।

5

मार्च सन 1923 में कानपुर में हिन्दी साहित्य सम्मेलन का अधिवेशन हुआ। मैं पूरे बीस वर्ष का भी तो नहीं था। लेकिन पंडित विश्वम्भरनाथ शर्मा 'कौशिक' की मंडली में अन्तरंग सदस्य बन चुका था और कौशिकजी उस साहित्य सम्मेलन के स्वागत मन्त्री थे। कौशिकजी के साथ मुझे उस साहित्य सम्मेलन के आन्दोलन में काफी काम करना पड़ा था। उस साहित्य सम्मेलन के सम्बन्ध में अधिकांश बातें मैं भूल चुका हूँ। केवल इतना याद रह गया है कि सम्मेलन के अन्तिम दिन कानपुर के लक्ष्मणदास चम्पाराम धर्मशाला के आँगन में सुबह नौ बजे एक कवि-सम्मेलन हुआ था। उस कवि-सम्मेलन में मैं अपनी कविता पढ़ने के लिए अत्यधिक लालायित था।

नई कविता मैं सुनाना चाहता था। सुबह सात बजे ही मैं कागज-पेंसिल लेकर फूलबाग की तरफ रवाना हो गया। एकदम शान्त-एकान्त ! और मैंने करीब एक घंटे में पन्द्रह-सोलह पंक्तियों की एक कविता लिख डाली और मैं लक्ष्मणदास चम्पाराम की धर्मशाला के लिए रवाना हो गया।

जनता की उन दिनों कवि-सम्मेलनों की ओर कोई रुचि नहीं थी, वहाँ जितने भी व्यक्ति आए थे वे सब कविता-प्रेमी, विद्वान और साहित्यिक

अभिरुचि वाले श्रोता थे। अनेक प्रतिष्ठित कवि उस कवि-सम्मेलन में मौजूद थे, श्री जगन्नाथदास 'रत्नाकर', लाला भगवान दीनदेव, श्री गयाप्रसाद शुक्ल 'स्नेही' आदि-आदि। और, मैं उस मंडली में अपनी कविता सुनाने खड़ा हुआ, एक अजीब आत्मविश्वास के साथ।

जैसे ही मैंने अपनी कविता आरम्भ की, एक सन्नाटा-सा छा गया था। मैंने अपनी कविता समाप्त की और तालियों की एक लम्बी गड़गड़ाहट उठी, चारों ओर से प्रशंसा की बौछारें। आठ-दस व्यक्तियों ने दो रुपए से पाँच दस रुपए तक के नकद पुरस्कार घोषित किए। मैं अनायास ही हिन्दी के प्रतिष्ठित कवियों की पंक्ति में आ गया, बीस-पचीस रुपयों की रकम ऊपर से।

अजीब-सी बात है कि उस कविता को जिसने मुझे उस दिन इतनी प्रतिष्ठा दी थी, मैंने अपने किसी कविता-संग्रह में स्थान नहीं दिया। मैं जानता हूँ कि मेरे सुरीले कंठ के कारण ही वह कविता जमी थी, जहाँ तक उसकी भावना का प्रश्न है, वह उभरते हुए छायावाद की अस्पष्ट-सी घिसी-पिटी भावना थी, उसमें प्रदर्शन-भर था, गहराई नहीं थी। मुझे अपनी उस कविता पर कभी-कभी बेतरह हँसी भी आ जाती है। उसकी दो-तीन पंक्तियाँ मुझे अब भी याद हैं। वह कविता इस तरह उठी थी :

> प्रतिध्वनि प्रतिध्वनि...क्यों रोती है जले हृदय को रोने दे,
> आँसू की धारा में उसको सारा विश्व भिगाने दे—

और उसकी अन्तिम पंक्ति थी :

> तेरा अंक शून्य है उसमें रोने आता हूँ एकान्त !

मैं पहले ही कह चुका हूँ कि मेरी कविता की उस दिनवाली सफलता का रहस्य था मेरी छायावादी ढंग की शैली के साथ मेरा सुरीला कंठ। रीतिकालीन कविता का अन्त हो रहा था—ब्रजभाषा का स्थान गद्य में तो खड़ी बोली ने ले ही लिया था, कविता के क्षेत्र में भी अब खड़ी बोली अपने को छायावाद के रूप में स्थापित करने लगी थी। रीतिकालीन कविता में कविता का प्राण-तत्त्व मर चुका था—केवल शरीर-तत्त्व था। उसके स्थान पर जो खड़ी बोली की कविता उदित हुई थी, उसमें रस नहीं था। भावना की कोई रूपरेखा नहीं थी, सीधी-सादी गद्यात्मक अभिव्यक्ति भर थी। छायावाद ने बिम्बहीनता के बल पर हिन्दी कविता को एक नवीन दिशा देना आरम्भ

कर दिया था। यद्यपि उसकी स्थापना में अभी काफी समय लगना था, वह तो छायावाद की कविता का आदिकाल था और सम्भवतः मेरे अनजाने ही उस दिन जीवन में मेरा कार्यक्षेत्र निर्धारित हो गया था—साहित्य।

सन 1923 ! वह वर्ष मेरे जीवन का एक अत्यन्त महत्त्वपूर्ण वर्ष था। सन 1923 में मेरा विवाह हुआ था।

18 अप्रैल सन 1923—वह दिन मुझे अभी तक याद है जब एक अत्यन्त पवित्र आत्मा के सम्पर्क में मैं आया।

उमा—अतिशय सरल, निश्छल, भोली-भाली, मेरी दृष्टि में अत्यन्त सुन्दरी। अपने विवाह के पहले उसे एक बार देखा था, उसी समय मन में एक इच्छा जागी थी कि उसके साथ मेरा विवाह हो जाए। और मेरी इच्छा पूरी हो गई थी।

लेकिन बड़ी अभागी थी वह—मैं आज यह अनुभव कर रहा हूँ। शायद मुक्ति पाने के पहले जीवन में कष्ट उठाने के लिए उसे जन्म मिला था। मेरे जीवन में असीम ममता उड़ेल दी थी उसने। उमा पितृहीन थी, उसके अभिभावक थे उसके बड़े भाई, श्री हरप्रसाद वर्मा जो मध्यप्रदेश में खैरागढ़ रियासत की एक मिल के मैनेजर थे। उसके पिता मध्यप्रदेश की एक छोटी-सी रियासत के नायब दीवान रहे थे और वह बड़े लाड़-प्यार में पली थी, लेकिन बचपन में ही उसकी माता और पिता का देहान्त हो गया था। उमा के रूप में मुझे जीवन की एक निधि मिल गई थी, लेकिन उस निधि को सहेजने की न मुझमें प्रवृत्ति थी, न मुझमें क्षमता थी। वैसे मैंने उससे बेहद प्रेम किया है, लेकिन मुझ पर जो साहित्य का पागलपन सवार था, कविता का बोहेमियनिज्म मुझे जो मिला था, मैं उसका क्या करता ?

1923 में मैं इंटरमीडिएट में फेल हो गया। इस बार इंटरमीडिएट में फेल होने पर मुझे थोड़ा दुख हुआ था, लेकिन जीवन का जो क्रम बन रहा था उसमें मन लगाकर पढ़ना परीक्षाएँ पास कर लेना यह सब आता ही नहीं था। मैं अकड़कर चलनेवाले अभावग्रस्त परिवार का एक कर्त्ता था, मेरे अन्दर एक भयानक अहं कि मैं अपने अभाव किसी पर प्रकट न होने दूँ, अपनी व्यथा की कहीं चर्चा न करूँ। शायद अपने उन अभावों और अपनी उस व्यथा को अनुभव करने से मैं स्वयं कतराता था। मेरे पास पुस्तकें थी ही नहीं, पास होता तो कैसे ? मैं पुस्तकें खरीद सकता था दूसरे खर्चों में कटौती करके, लेकिन उस समय तक मैं इस बात पर गर्व करने लगा था कि मैं बिना पुस्तकों के पढ़े हुए परीक्षा पास कर सकता हूँ।

सन 1924 में मैं बिना पुस्तकों के ही सेकेंड डिवीजन में इन्टरमीडिएट पास हो गया।

जब मैं इंटरमीडिएट में था, कानपुर में 'प्रताप' कार्यालय से 'प्रभा' नाम की एक मासिक पत्रिका का भी प्रकाशन आरम्भ हो गया था। 'प्रभा' के सम्पादक थे श्री कृष्णदत्त शर्मा पालीवाल जो एकाध साल पहले एम.ए. पास करके कानपुर आ गए थे, गणेशशंकर विद्यार्थी के साथ राजनीति के संरक्षण में राजनीति में प्रवेश करने के लिए। कृष्णदत्त पालीवाल का हिन्दी साहित्य में कोई विशेष स्थान नहीं था, लेकिन हिन्दी वह अच्छी तरह जानते थे और एम.ए. पास थे। उन दिनों हिन्दी के लेखकों में बहुत कम ऐसे थे जो विश्वविद्यालय की शिक्षा पा रहे हों—'अंधों में काना राजा' की कहावत चरितार्थ हो रही थी।

'प्रभा' मुख्यतः एक मिली-जुली किस्म की पत्रिका थी जिसमें कविताएँ छपती थीं, कहानियाँ छपती थीं और लेख छपते थे। 'सरस्वती' में भी तो यह सब रहता था। इन दोनों पत्रिकाओं में अन्तर केवल इतना था कि जहाँ 'सरस्वती' में प्रमुखता साहित्यिक लेखों को मिलती थी वहाँ 'प्रभा' में प्रमुखता राजनीतिक लेखों को मिलती थी। मेरी कविताएँ 'सरस्वती' में नहीं छपीं, लेकिन 'प्रभा' के प्रकाशन के साथ मेरी साहित्यिक गतिविधियाँ एकाएक बढ़ गईं। कविताओं के क्षेत्र से हटकर अब मैंने गद्य में निबन्ध लिखने आरम्भ कर दिए।

जहाँ तक आन्दोलनों का प्रश्न है, मैं राजनीति से हमेशा अलग रहा। लेकिन राजनीतिक चेतना मुझमें लगातार जमी रही थी। इस राजनीतिक चेतना के जागने के क्रम में गौण रूप से श्री गणेशशंकर विद्यार्थी का प्रभाव मुझ पर बहुत अधिक पड़ा है, आज मैं यह अनुभव कर रहा हूँ। गणेशशंकर विद्यार्थी राजनीतिक नेता होने के साथ प्रथम कोटि के साहित्यकार भी थे। उन्होंने हिन्दी साहित्य को एक नई शैली दी, हिन्दी साहित्य को राजनीतिक चेतना प्रदान करके उसे नया मोड़ दिया। उनके प्रभाव से ही मैंने अनेक उपन्यास पढ़े, उनके प्रभाव से ही मैंने फ्रांस की राज्यक्रान्ति पर न जाने कितनी पुस्तकें पढ़ीं। 'प्रभा' में मैंने, उन दिनों जब कार्ल मार्क्स का नाम भी हिन्दी वाले नहीं जानते थे तब कार्ल मार्क्स पर एक लम्बा लेख लिखा था, आयरलैंड के स्वतन्त्रता संग्राम के नेता पर लेख लिखा, और न जाने कितने लेख लिख डाले। वह लेख 'प्रभा' की फाइलों में दबे पड़े हैं। मैंने उन लेखों को उन फाइलों से निकालने की कभी कोई जरूरत नहीं समझी।

असल में मेरे वे सब लेख अंग्रेजी में प्रकाशित अन्य लेखों के भावानुवाद भर थे, और मैंने मूल लेखकों का नाम दबाकर उन्हें अपने मौलिक लेखों के रूप में छपाया था। बचपन की उस बेइमानी को बचपन की मूल गलतियाँ समझकर मैं भूल चुका हूँ। लेकिन इसी बहाने लिखने का प्रयोग मैंने काफी कर डाला।

मैं श्री गणेशशंकर विद्यार्थी का शिष्य नहीं रहा, मैं उनका अनुयायी नहीं बन सका। लेकिन उन्होंने मेरे जीवन पर मेरे अनजाने ही एक अमिट छाप छोड़ दी, यह मैं स्वीकार करता हूँ। मैं अजीब अराजक किस्म का आदमी—मैंने हमेशा उनका आदर किया। शायद इतना आदर मैंने और किसी का नहीं किया अपने जीवन में।

आज जब मैं अपने विगत जीवन को देखता हूँ तो आश्चर्य में पड़ जाता हूँ। कौन-सा साहस था, कौन-सा विश्वास था मुझे अपने प्रति जो लगातार प्रेरणा देता रहा और आज भी मुझे प्रेरणा देता रहता है ! मेरी समझ में आज तक नहीं आया।

दुनिया में मनुष्य की दो प्रमुख प्रक्रियाएँ हैं—पाना और खोना। इस पाने और खोने को समर्थ व्यक्ति लेने और देने का नाम देते हैं। लेकिन अपनी विवशताओं और असमर्थताओं से घिरा हुआ मैं—मैंने हमेशा इसे पाने और खोने के रूप में ही जाना है। इस लेने और देने का सकारात्मक रूप अभिमान है। उस लेने और देने का नकारात्मक रूप कुंठा है। लेकिन पाने और खोने का न कोई सकारात्मक रूप है न नकारात्मक रूप। और इसलिए मैं अपने भरसक अभिमान और कुंठा—इन दोनों से दूर ही रहा हूँ। यह बात जो मैंने इस स्थान पर अनायास ही कह डाली है, इसका एक विशेष कारण है। एकाएक खो देना...यह जैसे मेरे जीवन का क्रम ही रहा है। इसका प्रथग सुस्पष्ट अनुभव मुझे मई स् 1924 में हुआ।

मैं अपनी पत्नी उमा को साथ लेकर राजनाँदगाँव से लौट रहा था। इलाहाबाद में कानपुर के लिए मुझे गाड़ी बदलनी थी। लम्बे सफर की थकावट, मैंने सेकेंड क्लास के जनाने वेटिंगरूम में अपनी पत्नी का सामान रखवाकर उससे आराम कर लेने को कहा। अकेला वेटिंग रूम में बाहर बैठा था। अबोध, सीधी उमा उसने अपना ट्रंक खोलकर कपड़े निकाले, और बिना ट्रंक में ताला लगाए बाथरूम में चली गई। वेटिंग रूम की आया शायद कुछ दूर पर थी। बाथरूम से वह वापस लौटी, उसने ट्रंक में ताला लगाया और शाम की गाड़ी से हम दोनों कानपुर के लिए रवाना हो गए।

दूसरे या तीसरे दिन पता चला कि ट्रंक से उसके सब गहने गायब हैं। मेरी माता और मेरी पत्नी पर जैसे वज्रपात हुआ। करीब डेढ़ सौ तोले के गहने थे, मेरी माता ने अपने समस्त गहने मेरी पत्नी को दे दिए थे, अपने मायके से भी उसे करीब साठ-सत्तर तोले सोने के गहने मिले थे। पुलिस में रिपोर्ट लिखा दी, लेकिन जो गया वह फिर मिलने के लिए नहीं गया था।

और मेरे चेहरे पर शिकन नहीं। अजीब लापरवाही से भरी दार्शनिक किस्म की मस्ती थी मुझमें। जैसे अन्दर-ही-अन्दर स्वीकार कर लिया हो मैंने कि पाने के साथ-साथ खोना भी मेरे जीवन का अनिवार्य भाग है। और जैसा मैं कह चुका हूँ कि यह अनायास खोने का क्रम मेरे जीवन में आज भी चल रहा है। लोगों का कहना है कि यह खोने का क्रम मुझे मेरे ग्रह-नक्षत्रों से मिला है तो ग्रह-नक्षत्रों से मुझे पाने का योग भी तो मिला है।

बहरहाल सन 1924 में घर की हालत और भी बिगड़ गई। गहनों के रूप में जो धन था, वह भी जाता रहा। और इंटरमीडिएट पास करने के बाद मुझे आगे पढ़ना था।

सन 1924 में सर सी वाई चिन्तामणि के सुझाव पर संयुक्तप्रान्त की शिक्षा नीति में कुछ महत्त्वपूर्ण परिवर्तन कर दिए गए थे। इलाहाबाद विश्वविद्यालय जो परीक्षा लेने वाला विश्वविद्यालय था, अब आवासीय विश्वविद्यालय बना दिया गया था, लखनऊ विश्वविद्यालय खुल चुका था आवासीय विश्वविद्यालय के रूप में बनारस में हिन्दू विश्वविद्यालय था और अलीगढ़ में मुस्लिम विश्वविद्यालय। अन्य नगरों में जो डिग्री कॉलेज थे वह सब इंटरमीडिएट कॉलेज बना दिए गए थे। कानपुर क्राइस्ट कॉलेज से बी.ए. तोड़ दिया गया था। बी.ए. करने के लिए मुझे कानपुर छोड़कर किसी आवासीय विश्वविद्यालय में जाना था।

लखनऊ कानपुर के निकट था, लेकिन लखनऊ विश्वविद्यालय नया-नया खुला था, उसकी गणना अच्छे विश्वविद्यालय में उस समय तक नहीं होती थी। अलीगढ़ जाने का प्रश्न ही नहीं था। हिन्दू विश्वविद्यालय या इलाहाबाद विश्वविद्यालय इन दोनों में एक का ही चयन करना था मुझे।

मैंने एक दिन हिचकते हुए अपनी समस्या गणेशशंकर विद्यार्थी के सामने रखी। उन्हें मेरी आर्थिक स्थिति का जब पता चला तब वे भी कुछ चिन्तित हुए। कुछ सोचकर उन्होंने कहा, ''तुम बनारस हिन्दू विश्वविद्यालय में चले जाओ। बनारस में फीस की कुछ सुविधा हो सकती है, मैं तुम्हें राय

कृष्णदास के नाम एक पत्र लिख देता हूँ, ऊपर से भी वह कुछ काम तुम्हें दिला देंगे, साहित्यिक हैं। सहृदय व्यक्ति हैं, बनारस के बहुत बड़े रईस हैं, मैं उन्हें अच्छी तरह जानता हूँ।"

विद्यार्थीजी का पत्र लेकर मैं बनारस के लिए चल पड़ा। मन में एक तरह का उत्साह था, आँखों में सपने थे।

काशी में एक दूर के रिश्तेदार का पता लगाकर मैं उनके यहाँ पहुँचा। उन्होंने मेरा स्वागत किया, बड़े स्नेह के साथ अपने साथ ठहराया। और दूसरे दिन शाम के समय मैं राय साहेब का पता लगाकर उनके यहाँ पहुँचा।

प्रथम बार मैंने बनारस की गलियों के दर्शन किए थे। एक के बाद एक सँकरी गली—और अन्त में गंगा के किनारे एक भव्य कोठी—राय कृष्णदास की। उस मकान के पीछे उसकी दीवारों से गंगा टकरा रही थी। उनकी हवेली को बाद में गंगा बहा ले गई, लेकिन उस समय मैं उसकी शोभा और सजावट से दंग रह गया था। मैंने मुख्य फाटक पर बैठे हुए दरबान से राय साहेब को इत्तिला कराई और तत्काल मुझे अन्दर बुला लिया गया।

अपनी बैठक में राय साहेब आठ-दस आदमियों से घिरे बैठे थे। विशुद्ध भारतीय ढंग की बैठक—मोटे-मोटे गद्दे फर्श पर पड़े हुए। उन गद्दों पर दूध की तरह उजली चाँदनियाँ। मैं राय साहेब को देखते ही पहचान गया क्योंकि उनका आसन कुछ अधिक ऊँचा था। वहाँ मुख्य रूप से साहित्य चर्चा चल रही थी।

राय साहेब ने मेरा परिचय माँगा। कानपुर के कवि-सम्मेलन में मैंने जो ख्याति प्राप्त की थी उससे उत्साहित होकर मैंने अपना परिचय दिया, लेकिन उस परिचय का विशेष असर नहीं पड़ा। तब मैंने श्री गणेशशंकर विद्यार्थी का पत्र राय साहेब को दिया। सरसरी नजर से एक बार वह पत्र पढ़कर उन्होंने अपने तकिया के नीचे रख लिया, मुझे बैठने का संकेत करके वे फिर साहित्य-चर्चा में लग गए।

राय साहेब के इर्द-गिर्द बैठे हुए लोगों में हिन्दी के महाकवि श्री मैथिलीशरण गुप्त भी थे। उन्हें देखते ही मैं पहचान गया था, क्योंकि कानपुर के 'प्रताप' ऑफिस में उनके दर्शन करने का सौभाग्य मुझे दो-एक बार प्राप्त हो चुका था। यद्यपि उनसे मिलकर बात करने की मुझे हिम्मत नहीं पड़ी थी। उन्हें मैं अपने पथप्रवर्तक के रूप में पूज्य समझता था—उनकी

'भारत-भारती' से प्रभावित होकर मैंने कविता लिखना आरम्भ किया था। तो मैं चुपचाप बैठकर उस मंडली की बातचीत सुनता रहा यद्यपि उस बातचीत में मुझे कोई रस नहीं आ रहा था।

करीब एक घंटे बाद राय साहेब के खिदमतगार ने खबर दी कि भोजन तैयार है। मैं लौटने के लिए उठ खड़ा हुआ। लेकिन राय साहेब ने आग्रह किया कि बिना भोजन किए मैं न जा पाऊँगा, जितने भी लोग वहाँ थे उन सबों को भोजन करना था।

एक ऊँची-चौकी पर राय साहेब और उनके सामने फर्श पर बैठे हम सात-आठ आदमी। हम लोगों में श्री मैथिलीशरण गुप्त भी सम्मिलित थे। हम लोगों के सामने थालियाँ आईं—तरह-तरह के शाकाहारी व्यंजन। मुझे ऐसा लगा कि राय साहेब के सामने चाँदी की थाली आई थी, हम लोगों के लिए पीतल की आई थीं, मैं जरा दूर पर था—इसलिए ठीक-ठीक नहीं कह सकता। सच बात तो यह है कि मैं कुछ अजीब तरह से मर्माहत-सा बैठा था। उस दिन के पहले मैंने सामन्तवादी परम्परा के दर्शन नहीं किए थे। कानपुर में तो स्वतन्त्रता के लिए लड़ने वालों से, कवियों और कलाकारों से या फिर अपने मध्यवर्ग के नाते-रिश्तेदारों से ही वास्ता पड़ा था। मैंने अपने अन्दरवाले उत्तेजित अहं को बेतरह दबाया, अन्दर ही अन्दर मुझे यह बोध भी था कि मैं राय साहेब की सहायता और कृपा प्राप्त करने आया हूँ।

भोजन समाप्त होने के बाद राय साहेब ने मुझे दूसरे दिन सुबह के समय मिलने के लिए बुलाया।

मैं जहाँ ठहरा था वहाँ वापस लौटा भारीमन, हतप्रभ और विक्षुब्ध। मेरे मन में उमंग और उत्साह का स्थान ग्लानि और दबे हुए विद्रोह ने ले लिया था। लेकिन दूसरे दिन सुबह निश्चित समय पर मैं राय साहेब की कोठी पर पहुँच गया। राय साहेब उस समय अकेले ही थे।

पिछली रात मैंने राय साहेब के मुख पर जो तेज देखा था वह उस समय मुझे नहीं दिखा। उन्होंने गणेशजी का पत्र फिर एक बार आदि से अन्त तक पढ़ा, थोड़ी देर तक वह मौन भाव से सोचते रहे। फिर उन्होंने कुछ बुझे हुए स्वर में मुझसे कहा, "विश्वविद्यालय के मामलों में मेरी न कोई आवाज है और न प्रभाव है। वहाँ फीस माफ करवाने की व्यवस्था स्वयं विद्यार्थीजी मालवीयजी को पत्र लिखकर कर दें। रही ऊपर से कोई कामकाज की बात, तो विश्वविद्यालय का बोर्डिंग हाउस नगर से बहुत दूर है। तुम्हीं

सोचकर बताओ कि मैं किस तरह तुम्हारी सहायता करूँ।''

राय साहेब के स्वर में एक तरह की करुण विवशता थी जिसे अनुभव करने से मैंने मानो इनकार कर दिया हो। रातवाला दृश्य मेरे सामने था। स्वयं ऊँचे आसन पर बैठकर मैथिलीशरण गुप्त जैसे महाकवि को फर्श पर बिठाकर भोजन करानेवाला आदमी स्वाधीनता, भ्रातृभाव और समता, जिनका मैं 'प्रताप परिवार' का सदस्य होने के नाते जबर्दस्त प्रतिपादक बन रहा था—उनका नकारात्मक रूप बरतने वाला आदमी—वहाँ मुझे दिख रहा था अपने सामने। मैंने उठते हुए कहा, ''मुझे दुःख है कि मैंने आपको इतना कष्ट दिया। गणेशजी को वास्तविक स्थिति का पता नहीं था। विश्वविद्यालय वास्तव में नगर से बहुत दूर है अगर मुझे यहाँ पढ़ना हुआ तो उनसे मालवीयजी के नाम पत्र लेकर आऊँगा।'' और मैं उनके यहाँ से चला आया।

मैं मुक्त कंठ से स्वीकार करता हूँ कि उस समय राय कृष्णदास के सम्बन्ध में अपनी वह धारणा बनाकर मैंने उनके प्रति अन्याय ही नहीं, अपराध भी किया था। हमारे हिन्दू-समाज में दाता शब्द एक उच्च आदर्श का द्योतक है, और दाता का आसन हमेशा बड़ा ऊँचा समझा जाता है। राय साहेब का हाथ खुला था—दूसरों को न जाने कितनी आर्थिक सहायता उन्होंने दी थी और स्वयं काफी आर्थिक संकट में रहते थे। राय कृष्णदास के पहले बाबू भारतेन्दु हरिश्चन्द्र तो इस दान-धर्म पर तबाह तक हो गए थे। राय कृष्णदास तबाह नहीं हुए, वह संयमी, चरित्रवान आदमी थे। लेकिन जिस सामन्तवादी परम्परा में उन्होंने जन्म लिया था, जिसमें वह पले थे, उसके तौर-तरीकों से वह विवश थे।

बनारस से मैं कानपुर वापस लौटा। रास्ते में इलाहाबाद पड़ता था, और मैं इलाहाबाद उतर पड़ा। मेरा छोटा साला मेरी पत्नी से तो उम्र में बड़ा लेकिन मुझसे छोटा और अपने भाई बहनों में भी सबसे छोटा—इलाहाबाद पढ़ने आया था उसी वर्ष। उस समय गणित के नए-नए नियुक्त प्राध्यापक डॉक्टर प्यारेलाल श्रीवास्तव जो हम लोगों के दूर के रिश्तेदार होते थे, जार्ज टाउन के बँगले में रहते थे, और उनके संरक्षण में मेरा साला जुगलकिशोर। डॉक्टर प्यारेलाल के साला कृष्णकुमार अब उसी बँगले में रह रहे थे और पढ़ रहे थे। वहाँ का वातावरण मुझे अच्छा लगा, सब लोग एक मेस चलाते थे और बराबर-बराबर खर्च देते थे। तो मैंने इलाहाबाद विश्वविद्यालय में बी.ए. में प्रवेश ले लिया। उसी बँगले में एक छोटी-सी अलग कोठरी मुझे

मिल गई। आगे चलकर क्या होगा, कैसे होगा, जैसे इस सबकी चिन्ता ही नहीं थी मुझे।

कानपुर लौटकर मैंने अपनी माता के और अपनी पत्नी को अपना निर्णय बताया क्या होगा और कैसे होगा, इसकी जिम्मेदारी पुरुष पर होती है, और जैसे मेरी माता को मेरे ऊपर अखंड विश्वास था। उन्होंने मुझे आशीर्वाद दिया।

और मेरी पत्नी उमा ! उसने तो जैसे अपना समस्त व्यक्तित्व मेरे व्यक्तित्व में लय कर लिया था। न किसी तरह की आपत्ति न किसी तरह का आग्रह। जो कुछ मैंने कहा जो कुछ मैंने किया, वही उसका एकमात्र सत्य था। मैंने विद्यार्थीजी को सब बातें बताईं—यह भी बताया कि मैं प्रयाग विश्वविद्यालय में भर्ती हो गया हूँ। उन्होंने केवल इतना कहा, "मुझे सत्य का पता नहीं था। अगर कहो तो मैं मालवीयजी से तुम्हें मिला दूँ।"

"जी नहीं अब इलाहाबाद में ही रहकर पढ़ूँगा, कानपुर से पास है।"

बिना किसी बाहरी सहायता के इलाहाबाद विश्वविद्यालय में प्रवेश ले लेने का जो साहस मुझे हुआ था उसका एक कारण था। मैं बालिग हो गया था, और जो पाँच हजार रुपए हम दो भाइयों के नाम बैंक में जमा थे उसकी आधी रकम मुझे मिल गई थी और वह मैंने सेविंग्स बैंक एकाउंट में डाल दी थी।

यह जो हमारे समाज पर महाजनी सभ्यता का शिकंजा है उसकी उपयोगिता के विरुद्ध कोई ठोस तर्क दे सकने में मैं असमर्थ हूँ। इस महाजनी सभ्यता का मूलमन्त्र है भविष्य की सुरक्षा। महाजनी अर्थशास्त्र के अनुसार पूँजी हमेशा सुरक्षित रखी जानी चाहिए, उस पूँजी के ब्याज का ही उपयोग किया जाना चाहिए।

लेकिन कहने और करने में अन्तर होता है। यह समस्त पूँजी और ब्याज का आर्थिक सिद्धान्त कर्म के मामले में मैंने हमेशा मानने से इनकार किया है।

तो उस ढाई हजार की तथाकथित पूँजी के बल पर मैंने इलाहाबाद विश्वविद्यालय में प्रवेश किया।

6

मेरे जीवन में कभी किसी तरह की योजना जैसे रही ही नहीं, काल और नियति के हिलकोरों में बहते जाना ही जैसे मेरे जीवन का क्रम रहा है। अपने अन्दर वाली प्रवृत्ति ही जैसे मेरे जीवन का प्रेरक तत्त्व रही हो।

इलाहाबाद पहुँचकर मेरे सामने सबसे पहला प्रश्न उठा—बी.ए. में कौन-कौन से विषय लिए जाएँ। तब बी.ए. में अंग्रेजी साहित्य अनिवार्य था, अंग्रेजी साहित्य के साथ, दो और विषय लेने थे। इंटरमीडिएट में मेरे विषय थे तर्कशारत्र, इतिहास और गणित। मैंने पता लगाया पहले पीरियड में अंग्रेजी थी, वह तो लेना ही था। दूसरे पीरियड में गणित था, मैंने गणित ले लिया। तीसरे पीरियड में इतिहास था...इतिहास भी मैंने ले लिया। इसके बाद दिन-भर की फुरसत। वैसे मेरी अभिरुचि दर्शनशास्त्र में भी थी, अर्थशास्त्र में भी थी। लेकिन इन विषयों के लिए विश्वविद्यालय में ठहरना—यह मुझे जँचा नहीं। दस बजे से साढ़े बारह बजे तक तीनों पीरियड खत्म—और उसके बाद फुरसत। तो समस्त शास्त्र धरे रह गए, कौन पीरियड के इन्तजार के झंझट में फँसे। ईमानदारी की बात तो यह है कि मुझे किसी विषय से कोई खास लगाव था ही नहीं। विश्वविद्यालय जाने का एकमात्र

उद्देश्य था डिग्री प्राप्त करना, और इस डिग्री प्राप्त करने के लिए जो भी विषय पढ़ना पड़े वह पढ़ता।

लेकिन तीन-चार दिन बाद ही मुझे पता चला कि मुझसे गलती हो गई।

इलाहाबाद विश्वविद्यालय में कला-विभाग तो सीनेट हॉल के कम्पाउंड में था, लेकिन विज्ञान-विभाग सीनेट हॉल के कम्पाउंड से करीब तीन फर्लांग की दूरी पर म्योर सेंट्रल कॉलेज के कम्पाउंड में था। गणित का विषय वैसे तो कला-विभाग का एक भाग माना जाता था, लेकिन विज्ञान विभाग का महत्त्वपूर्ण भाग होने के कारण उसकी कक्षाएँ म्योर कॉलेज की इमारत में लगती थीं। अब स्थिति यह थी कि पहला पीरियड समाप्त हुआ और तो दूसरे पीरियड के लिए म्योर कॉलेज के कम्पाउंड की तरफ भागें। और वह भी पैदल, क्योंकि साइकिल मेरे पास थी नहीं, और साइकिल का चलन भी उन दिनों तक व्यापक रूप में नहीं फैला था। यानी एक-तिहाई पीरियड गणित का इस दौड़-धूप में गायब और वहाँ से जो भागे तो एक तिहाई पीरियड इतिहास का गायब। बड़े उदास मन से मैंने तय किया कि गणित छोड़कर मैं चौथे पीरियड में पढ़ाए जानेवाले अर्थशास्त्र को ही ले लूँ। तब तक मुझे अनायास ही दैवि जिसे लोग देवी सहायता कहते हैं वह प्राप्त हो गई। किसी ने मुझे बताया कि इस वर्ष से बी.ए. में हिन्दी विषय भी पढ़ाया जाने लगा है। मैंने पूछा, यह हिन्दी किस पीरियड में पड़ती है !''

उत्तर मिला, ''दूसरे पीरियड में।''

समस्या हल हो गई, उसी दिन मैंने गणित छोड़कर हिन्दी ले ली।

रह तो मैं रहा था अपने सम्बन्धियों के साथ, लेकिन अपने उग्र स्वभाव के कारण जो अनुशासनहीनता मुझमें भर गई थी, उससे विवश होकर मुझे वह स्थान छोड़कर होस्टल में रहना पड़ा। किसी तरह ऑक्सफोर्ड एंड कैम्ब्रिज होस्टल में मुझे जगह मिल गई। अपने से अजनबी लड़कों के साथ रहने का यह प्रथम अवसर था, और मुझे लगा कि अपनों की अपेक्षा ये अजनबी अधिक अपने बन जाते हैं। एक-से-एक उग्र स्वभाव के लोग, एक से एक शिष्ट और सज्जन लोग। नया वातावरण, नया दृष्टिकोण और नई मान्यताएँ। वह होस्टल जीवन—उसकी सुखद स्मृतियाँ आज भी कभी-कभी जाग उठती हैं मेरे मन में।

विश्वविद्यालय के जीवनकाल में मेरे अन्दर वाला साहित्यकार जैसे दब गया था। मैं हॉकी खेलता था, टेनिस खेलता था, सैर-सपाटे करता था—

विश्वविद्यालय के तो नहीं, अपने होस्टल के सामाजिक जीवन में मेरा महत्त्वपूर्ण स्थान बन गया था। इस सब में मेरे जन्मजात बोहेमियनिज्म ने मेरी बड़ी सहायता की। साहित्य-सृजन का स्थान अब साहित्यकारों के सम्पर्क ने ले लिया था। इलाहाबाद उन दिनों हिन्दी साहित्य का प्रमुख केन्द्र माना जाता था, अनेक नवयुवक लेखक और साहित्यकार उभर रहे थे वहाँ पर। उन सबों से मेरा परिचय हो गया था, मैं उस परिचय को मित्रता का नाम भी दे सकता था, लेकिन मैंने हमेशा उन साहित्यकारों और अपने बीच एक दूरी-सी अनुभव की जिसे घनिष्ठता नाम की चीज कहते हैं वह मैं इलाहाबाद के किसी साहित्यकार के साथ नहीं महसूस कर सका। विक्रमादित्य सिंह 'विक्रम', श्रीनाथ सिंह, ज्योतिप्रसाद मिश्र 'निर्मल', और भी न जाने कितने नाम जिन्हें मैं भूल चुका हूँ।

नाम-नाम। एक समय अत्यन्त महत्त्वपूर्ण दिखने वाले, लेकिन अन्ततोगत्वा एकदम महत्त्वहीन। मेरे लिए इन लोगों के नामों से अधिक महत्त्वपूर्ण मेरा नाम, जिसके इर्द-गिर्द मेरी कहानी चल रही है। नितान्त अनजाना पथ, नितान्त अनिश्चित भविष्य। जीवन की कोई सुस्पष्ट रूपरेखा नहीं, केवल यौवन का पागलपन, अस्तित्व का पुलक। वह सब इलाहाबाद में विद्यार्थी की तरह रहकर मैंने जाना है, और आज भी अपनी स्मृतियों में उसे सँजोए बैठा हूँ।

ऑक्सफोर्ड एंड कैम्ब्रिज होस्टल की अपनी एक निजी परम्परा थी। वहाँ केवल सम्पन्न घरों के लड़के आते थे जिसे हम अभिजात्यपन और स्वाभिमान कहते हैं—वह मध्यवर्गीय घरों के गुण बन चुके थे। अच्छा खाना, अच्छा पहनना, खुले हाथों खर्च करना। और इस सबमें मैं किसी से पीछे नहीं रहना चाहता था। घर की पूँजी बड़ी बेरहमी से खर्च हो रही थी। मेरी गणना इलाहाबाद के शौकीन लड़कों में होती थी, शानदार सूट पहनना, सबसे महँगे मेस में भोजन करना, अच्छा-खासा सजा हुआ मेरा कमरा, कमरे में मेरा पानदान। यह पान खाने की लत मुझे कानपुर में ही श्री विश्वम्भरनाथ शर्मा की पार्टी के सम्पर्क से पड़ चुकी थी। मेरे अन्दर एक प्राणशक्ति थी जो अतीत को भूलकर भविष्य के प्रति आँखें बन्द करके, केवल वर्तमान में जीवित रहने की प्रेरणा के रूप में ही थी। होस्टल के अपने निकटतम साथियों के नाम भी अब मैं भूल चुका हूँ—पचास वर्ष के करीब हो चुके उस इन्द्रजाल वाले जीवन के !

सपने टूटते रहते हैं। साथी बिछुड़ते रहते हैं। केवल दो-चार साथी ही

उस समय के ऐसे थे जिन्हें होस्टल जीवन के बाद वाले जीवन में निकट-सम्पर्क में मैंने पाया—वह भी कितना निकट सम्पर्क—मैं नहीं कह सकता। उनमें एक नाम है रामकुमार वर्मा का। दूसरा नाम है भगवान सहाय का। दोनों ही व्यक्तित्व एक-दूसरे से कितने भिन्न, कितने पृथक। रामकुमार वर्मा मुझसे एक क्लास पीछे थे, लेकिन वह कविता के क्षेत्र में तेजी के साथ उभर रहे थे। भगवान सहाय साइन्स के विद्यार्थी, वैसे कला और साहित्य के प्रति उनमें अभिरुचि—वह मेरे क्लासफेलो थे। अत्यन्त शिष्ट और सरल—एक तरह का भोलापन। जबकि रामकुमार स्वयं कलाकार होते हुए भी एक कृत्रिमता के आवरण में अपने व्यक्तित्व को छिपाए हुए थे। अपने अहं को किस तरह और किस ढंग से आरोपित करना है—जैसे इसका अभ्यास उस युवक ने उस समय ही करना आरम्भ कर दिया था। लेकिन इसमें मैं रामकुमार को दोष नहीं दे रहा। हरेक कलाकार को अपने को आरोपित करने की कला जन्म से ही मिली है। अब जब सोचता हूँ तो स्वयं मैं अपने को इसका अपवाद नहीं कह सकता। मैं जो जीवन जी रहा था, अपनी परिस्थितियों के हिसाब से वह भी तो अत्यन्त अस्वाभाविक जीवन था। वह जो अपने को खुलकर उड़ेल देने की प्रवृत्ति मुझमें थी, क्या वह मात्र प्रदर्शन के रूप में नहीं थी ? मैं ठीक-ठीक नहीं कह सकता। घर में विधवा माँ, मेरा छोटा भाई जो भयानक संघर्षों में पलकर पढ़ रहा था, मेरी पत्नी उमा जो मुझे अपना सर्वस्व समझकर बड़े-से-बड़े अभाव को झेल रही थी। कहीं से कोई आय नहीं, केवल व्यय-ही-व्यय। हिन्दी में एक कहावत है—'लंगोटी में फाग खेलना'—उसी कहावत को क्या मैं चरितार्थ नहीं कर रहा था ?

लेकिन करूँ क्या ? मैं अपने से ही विवश था। शायद हरेक आदमी अपने से विवश होता है इसलिए किसी को भी दोष नहीं दिया जा सकता।

मेरी पत्नी कानपुर में मेरे घर में थी, मैं इलाहाबाद में पढ़ रहा था। मुझे अपनी पत्नी से बेहद लगाव था। और मैं हर शुक्रवार इलाहाबाद से कानपुर आया-जाया करता था। यह संयोग की ही बात है कि उन दिनों रेलवे ने वीकएंड कंसेशन के टिकटों की व्यवस्था कर दी थी—उसके हिसाब से एक रुपया दस आने में इलाहाबाद से कानपुर का तीसरे दर्जे का रिटर्न टिकट मिल जाया करता था। यह टिकट शुक्रवार से मंगलवार के बीच में वैध था। तो शुक्रवार की शाम को मैं इलाहाबाद से कानपुर चल देता था और सोमवार की सुबह मैं कानपुर से इलाहाबाद वापस आ जाता था। शुक्र, शनि और रवि की रातें कानपुर में बिताकर। हफ्ते में केवल एक दिन यूनिवर्सिटी

गोल, वह भी मेरी प्राक्सी बोल दी जाती थी।

स्पष्ट है कि मेरा पढ़ना-लिखना क्या होता, मैं तो एक औपचारिकता निभा रहा था। विश्वविद्यालय में सब-कुछ मेरे पास था, केवल किताबें नहीं थीं। जैसे बिना किताबों के परीक्षा पास करने में मुझे मजा आने लगा हो। शायद मैं गलत कह रहा हूँ। बिना पुस्तकों के परीक्षा पास करने का मुझे गर्व-सा हो गया था। अगल-बगल के अपने साथ पढ़नेवाले विद्यार्थियों की किताबें उधार लेकर, वह भी उस समय जब वह उन किताबों को न पढ़ रहे हों—मैं आधी ही, पर पढ़ लेता था। मुझे याद है एक विद्यार्थी मित्र ने जिसकी किताबें मैं अक्सर माँग कर पढ़ता था मुँह बनाते हुए मुझसे कहा था, ''तुम पास होगे खाक। यह माँग-माँगकर किताबें पढ़कर भला कोई पास हो सकता है ?''

और मैंने तैश में आकर उत्तर दिया था, ''पास तो मैं जरूर होऊँगा और वह भी कम-से-कम सेकंड डिवीजन में। तुम्हें भले ही थर्ड डिवीजन मिले।'' और अपने मजाक पर मैं स्वयं ही हँस पड़ा था।

और बी.ए. में मुझे सेकंड डिवीजन मिला, उस विद्यार्थी को केवल थर्ड डिवीजन मिला था। यही नहीं, करीब पाँच-छः नम्बरों से मेरा फर्स्ट डिवीजन रह गया था।

सन 1925 के सितम्बर या अक्तूबर महीने में ही सुमित्रानन्दन पन्त से मेरा प्रथम परिचय हुआ, कुछ अजीब-सी परिस्थितियों में।

जिसे हम छायावाद युग कहते हैं, सन 1920-21 के आसपास उसका प्रारम्भ हुआ था। मैंने राष्ट्रीय चेतना से प्रभावित होकर कविता के क्षेत्र में प्रवेश किया था—यह राष्ट्रीय चेतना की कविता भी तो भावना-प्रधान अभूतपूर्व कविता होती थी। श्री सुमित्रानन्दन पन्त के नाम का परिचय मुझे छायावाद के मूल प्रवर्तक के रूप में प्राप्त हुआ था। श्री जयशंकर प्रसाद का नाम तो मैंने इधर-उधर सुन रखा था लेकिन उनकी जो दो-एक कविताएँ मुझे पढ़ने को मिली थीं, उसने मुझे तनिक भी प्रभावित नहीं किया था। श्री सूर्यकान्त त्रिपाठी 'निराला' का नाम तो उस समय तक मैंने सुना भी नहीं था। उनका कार्यक्षेत्र कलकत्ता था और कलकत्ता के पत्रों का प्रचार इधर बहुत कम था। उन दिनों हिन्दी की एकमात्र साहित्यिक समझी जानेवाली पत्रिका 'सरस्वती' में श्री सुमित्रानन्दन पन्त की कविताएँ नियमित रूप से छप रही थीं, श्री महावीर प्रसाद द्विवेदी के स्थान पर श्री पदुमलाल पुन्नालाल बख्शी 'सरस्वती' के सम्पादक होकर आ गए थे, और उन्होंने छायावाद की

कविता को बढ़ावा देना आरम्भ कर दिया था।

मैं स्वीकार करता हूँ कि उन दिनों मैं श्री सुमित्रानन्दन की कविताओं से बेतरह प्रभावित था। सन 1923 के हिन्दी-साहित्य-सम्मेलन में मैंने जो एकान्त शीर्षक की कविता पढ़ी थी और जिसके कारण साहित्य में मेरी जो थोड़ी-बहुत स्थापना हुई थी, उसमें मेरे ऊपर श्री सुमित्रानन्दन पन्त की कविताओं का प्रभाव स्पष्ट रूप से था। वैसे राष्ट्रीयधारा की कविताओं के लेखक के रूप में ही मेरा विकास हुआ और इसलिए मेरी शैली और मेरा भाषा-विन्यास पन्तजी की शैली और भाषा-विन्यास से भिन्न था—मैं जनभावना के अधिक निकट था, मेरी भाषा भी जन के अधिक निकट थी।

दिन और तारीख मुझे याद नहीं, महीना या सितम्बर के अन्त का होगा या अक्तूबर के आरम्भ का, एक शाम जब मैं कपड़े पहनकर घूमने के लिए अपने कमरे से निकल रहा था, मैंने बरामदे के ठीक सामने कुछ विचित्र-सी पोशाक पहने हुए एक व्यक्ति को देखा जिसके साथ दो-चार विद्यार्थी भी चल रहे थे। एक कोमल-सा सुकुमार व्यक्ति, घने लम्बे और घुँघराले बाल कन्धे तक लटकते हुए, अत्यन्त सुन्दर चेहरा, हाव-भाव कुछ स्त्रैण किस्म के। मेरे अन्दर वाला शैतान जाग उठा, आ फँसा कोई मूंजी बनाने के लिए, दिल बहलाव का पूरा सामान, शाम अच्छी कटेगी। लपककर मैं उनके पास पहुँचा और तभी उनके साथ चलते हुए एक लड़के ने कहा, ''भगवती बाबू, यह हैं श्री सुमित्रानन्दन पन्त।'' और उसने पन्तजी से मेरा परिचय कराया, ''यह हैं भगवतीचरण वर्मा हिन्दी के प्रख्यात कवि।''

मेरे अन्दर वाला शैतान न जाने कहाँ गायब हो गया, उसका स्थान तत्काल मेरे अन्दर वाले सहृदय, शिष्ट और कलाकार तथा कवि ने ले लिया। तो यही सुमित्रानन्दन पन्त हैं। पन्तजी मेरी ओर देखकर मुसकराए। एक अजीब तरह की आत्मीयता दिखी मुझे उनकी उस मुसकान में। मैंने उन्हें नमस्कार किया और पन्तजी ने मेरे नमस्कार का उत्तर देते हुए कहा, ''बड़ी प्रसन्नता हुई आपसे मिलकर। मैंने आपकी कविताएँ पढ़ी हैं, मुझे बड़ी अच्छी लगीं।''

और वास्तव में वह शाम मेरी बड़े सुख में बीती। उस दिन सुमित्रानन्दन पन्त के साथ जो मेरा परिचय हुआ, वह धीरे-धीरे प्रगाढ़ मित्रता में विकसित होता गया।

और उन्हीं दिनों में एक और व्यक्ति के निकट सम्पर्क में आया, जिन्होंने मेरे जीवन पर अपनी अमिट छाप छोड़ दी। उत्कृष्टतम मानवीय

संवेदना, निःसीम उदारता के रूप में ही मैंने उस व्यक्तित्व को जाना है। वह व्यक्तित्व था पंडित कृष्णकान्त मालवीय का। पंडित कृष्णकान्त मालवीय के प्रथम दर्शन मैंने सन 1923 में कानपुर के कवि-सम्मेलन में किए थे। उस सम्मेलन में उन्होंने मेरी कविता की जी खोलकर प्रशंसा की थी। छरहरे बदन के कुछ लम्बे-से दिखनेवाले आदमी, मुख पर एक तरह की कोमलता, रंग, कुछ दबा लेकिन मैं उन्हें रूपवान कह सकता था, राजनीति में उनका विशिष्ट स्थान बन चुका था, पंडित मदन मोहन मालवीय के सगे भतीजे थे वह। वह इलाहाबाद से 'अभ्युदय' नाम का एक साप्ताहिक पत्र निकाल रहे थे जिसका राजनीति और साहित्य दोनों में ही विशिष्ट स्थान बनता जा रहा था। हँसमुख और उन्मुक्त स्वभाव के आदमी—साहित्य और कला के साधक ! उन्होंने कानपुर में मुझसे कहा था कि मैं जब इलाहाबाद आऊँ तब उनसे मिलूँ।

इलाहाबाद विश्वविद्यालय में आने के बाद मैं उनसे नहीं मिला, कानपुर में उन्होंने जो मुझ पर इतनी ममता प्रदर्शित की थी वह किसी भावावेश में की होगी, मेरा ऐसा खयाल था। फिर अपनी तरफ से किसी विशिष्ट आदमी के यहाँ जाकर उससे यह रस्म बढ़ाने की प्रवृत्ति मुझमें कभी नहीं रही।

लेकिन इलाहाबाद में शाही ठाठ में रहने के बाद मुझे यह चिन्ता अवश्य होने लगती थी कि किसी तरह का कोई काम मिल जाए जिससे कुछ आय हो सके। और इन्हीं आर्थिक संकटों के उधेड़-बुन में मुझे पंडित कृष्णकान्त मालवीय की याद आ गई। वह प्रभावशाली व्यक्ति थे—कहीं कोई काम दिला सकते थे। बात शायद सन 1926 या 1927 की है। मैं बड़ी मुश्किल से अपने को उनके यहाँ जाने के लिए राजी कर पाया था।

जांस्टनगंज मुहल्ले की एक गली में एक बड़ी-सी कोठी में 'अभ्युदय' का ऑफिस था। शाम के करीब पाँच या छः बजे गैं उनके ऑफिस में पहुँचा। एक अजीब घरेलू-सा वातावरण। वह अपने कमरे में नहीं थे। किसी सहायक ने मुझसे बैठकर इन्तजार करने को कहा, "अभी आते ही होंगे, छत पर पतंग उड़ा रहे हैं, लेकिन अँधेरा होनेवाला है।"

बड़ा आश्चर्य हुआ ! इतना बड़ा नेता इतना सम्मानित व्यक्ति, और छत पर कनकौवे के पेंच लड़ा रहा था। वैसे मुझे प्रसन्नता भी हुई, मैं उन दिनों भी कानपुर पहुँचकर पतंग उड़ा लेता था, बचपन का एक शौक था। और तभी पंडित कृष्णकान्त मालवीय छत से उतरे। मुख तमतमाया हुआ, पसीने से लथपथ। आकर वह अपनी मेज पर बैठ गए, फिर उन्होंने मुझे

देर तक देखा, ''अरे तुम ! कानपुर में तुम्हीं ने वह लाजवाब कविता पढ़ी थी न ! क्या नाम है तुम्हारा !''

सिर झुकाकर मैंने उत्तर दिया, ''भगवतीचरण वर्मा ! अब यहाँ दो साल से प्रयाग विश्वविद्यालय में पढ़ रहा हूँ। बी.ए. पास करके हिन्दी में एम. ए. और एल.एल.बी. कर रहा हूँ।''

''इतने समय से तुम यहाँ हो और मुझसे नहीं मिले, बहुत बुरी बात।'' एक मीठी डाँट पिलाई कृष्णकान्तजी ने मुझे। ''ठीक तौर से मेहनत करके पढ़ रहे हो न ! इस बीच तुमने और भी कविताएँ लिखी होंगी—एकाध सुनाओ।''

मैंने एक कविता सुनाई जो कुछ दिनों पहले ही मैंने लिखी थी—उन्होंने फिर उसकी बहुत तारीफ की।

और फिर विश्वविद्यालय सम्बन्धी बातें वह मुझसे पूछने लगे। थोड़ी देर बाद मैंने कहा, ''मैं आपके पास इसलिए आया था कि मैं आर्थिक कठिनाइयों में आ पड़ा हूँ, आप मुझे काम दें जिससे मुझे पढ़ाई जारी रखने में सहायता मिले।''

''काम ?'' पंडित कृष्णकान्त मालवीय कुछ सोचने लगे, और फिर एक मोहक मुसकान के साथ बोले, ''तुम्हारे ऐसा प्रतिभावान नवयुवक अभी से इन साप्ताहिक पत्रों की कशमकश में पड़े, अपनी प्रतिभा का दुरुपयोग करे, अपना समय नष्ट करे—यह तो ठीक नहीं। अच्छा मैं तुम्हें एक अंग्रेजी का कवित्वमय उपन्यास देता हूँ। छोटा-सा। इसका अनुवाद कर डालो। मैं इसे प्रकाशित करना चाहता हूँ। तो कहीं दौड़-धूप नहीं करनी पड़ेगी। इत्मीनान के साथ इसका अनुवाद करके महीना-दो महीना में मुझे दे देना।'' और यह कहकर उन्होंने अपनी अलमारी से निकालकर एक पुस्तक मुझे दे दी। काफी घिसी-पिटी थी वह पुस्तक, ऐसा लगता था कि न जाने कितने लोगों द्वारा और न जाने कितनी बार वह पुस्तक पढ़ी गई थी।

उस पुस्तक का नाम मुझे याद नहीं, उसके लेखक का भी नाम मुझे नहीं याद है। लेकिन बड़ी कवित्वमय भाषा और कवित्वमय शैली में लिखी हुई थी वह पुस्तक। आकार छोटा ही था, यही कोई साठ-सत्तर पृष्ठ। उस पुस्तक को लेकर मैं होस्टल चला आया। इत्मीनान के साथ मैं उसका अनुवाद करने के लिए बैठ गया। और तीन-चार दिन में ही मैंने उस पुस्तक का अनुवाद पूरा कर दिया।

करीब आठ-दस दिन बाद मैं पंडित कृष्णकान्त मालवीय के यहाँ

पहुँचा उस पुस्तक का अनुवाद लेकर। उन दिनों अंग्रेजी से हिन्दी में अनुवाद की दर आमतौर से चार रुपया फर्मा थी—यानी चार आना प्रतिपृष्ठ। लेकिन चार-पाँच दिन की मेहनत में पन्द्रह-बीस रुपए मिल जाएँगे—यही क्या कम है। मैंने पुस्तक का अनुवाद उनके सामने रख दिया। उन्होंने वह अनुवाद गौर से पढ़ना आरम्भ किया, बीच-बीच में जैसे वह फूल उठते हों—दस-पन्द्रह पृष्ठ पढ़ने के बाद उन्होंने मेरी पीठ पर हाथ रखा, "कितना सुन्दर अनुवाद है—बिल्कुल मौलिक पुस्तक के अनुवाद का रस है इसमें।" और यह कहकर खजांची को बुलाया। उससे पचास रुपए लेकर उन्होंने मेरे हाथ में रखते हुए कहा, "यह लो इस अनुवाद का पारिश्रमिक। पुस्तक तीन-चार महीने में छप जाएगी। मिलते रहा करो और भी काम निकलेगा।"

मुझे जैसे इस सब पर विश्वास नहीं हो रहा था। पचास रुपया—एक महीने से ऊपर का खर्च ! रुपए मैंने अपने पास रखे और मैं होस्टल चला गया।

वह पुस्तक आज तक प्रकाशित नहीं हुई, मैंने उनसे कई बार पूछा, और आजकल में समय टलता गया। बहुत दिनों बाद मैंने अनुभव किया कि पंडित कृष्णकान्त मालवीय ने मेरा मान रखते हुए मेरी सहायता की थी। उसके बाद मैं पंडित कृष्णकान्त मालवीय से लगातार तीसरे-चौथे दिन मिलता रहा—हम दोनों में अन्तर रहते हुए भी एक प्रकार की घनिष्ठता बढ़ रही थी। लेकिन फिर न मैंने उनसे कोई काम माँगा और न उन्होंने मुझे कोई काम दिया। भयानक आर्थिक कठिनाइयाँ पंडित कृष्णकान्त के साथ भी थीं—अखबार घाटे में चलते थे, और 'अभ्युदय' परिवार का—यानी उसके कार्यकर्त्ताओं का भरण-पोषण वह कर रहे थे किसी तरह। हिन्दी के पत्रों का प्रकाशन घाटे का ही काम था—सारी पत्रकारिता अनुदानों के बल पर ही चलती थी। यह अनुदान उन दिनों सरकार द्वारा नहीं मिलते थे, वह अनुदान मिलते थे सेठों और ताल्लुकेदारों, राजाओं, महाराजाओं से।

दूसरा खंड

संघर्ष और दिशाहीनता

1

क्षत-विक्षत मेरा ज्ञान, चेतना श्रीहत
जीवन-भर मैं संघर्षों से ही जूझा।
पग-पग पर मैं अपने से टकराया हूँ—
निजी मार्ग मुझे है नहीं आज तक सूझा।

जिस अपार धैर्य और साहस की स्थिति से मैं गुजरा हूँ—मुझे स्वयं उस पर विश्वास नहीं होता, लेकिन जो सच है उसकी उपेक्षा कैसे की जा सकती है ? कहीं किसी तरह की कसक नहीं, कुंठा नहीं, कटुता नहीं। विक्षोभ नहीं। एक नितान्त उन्मुक्त जीवन, खुलकर हँसना, और जब-तब अचानक फूट पड़ना।

अब तो मुझे लगता है जैसे मैं एक पागलपन की अवस्था में था और अपने उस पागलपन पर मुझे बेतरह गर्व भी था। विपत्तियाँ मेरे सामने खड़ी थीं, ऐसी कि मुझे निगल जाएँ, और मैं एक अजीब तरह के अपराजित भाव से उन विपत्तियों को न्यौता दे रहा था। उन दिनों मेरा समस्त अस्तित्व चुनौती का अस्तित्व था, जैसे झुकने की जगह टूट जाना और मिट जाना

मैं अधिक श्रेयस्कर समझता था।

यह झुकना। इससे छुटकारा कब किसे मिल सका है ? लेकिन झुकना ...परिणाम स्वीकार करने के लिए या परिणाम से त्राण पाने के लिए ? वह मेरा अहं ! मैं उससे विवश था। शायद मैं आज भी अपने उस अहं से विवश हूँ। यह अहं तो मुझे अपनी प्राणशक्ति के रूप में मिला है। बचकर भागना—यह मेरे लिए असम्भव था। परिणाम को स्वीकार करना ही मेरा विधान अथवा व्यवधान है।

दिसम्बर 1925 में मेरी प्रथम सन्तान हुई थी—पुत्री। मेरी पत्नी ने उसका नाम शकुन्तला रखा। मैं पिता बन चुका था, मैंने भले ही यह अनुभव न किया हो लेकिन मेरी पत्नी उमा माता बन चुकी थी। सन्तान की जिम्मेदारी पिता पर होती है, लेकिन दूसरों के प्रति अपनी जिम्मेदारी का बोध ही न था, मेरी एकमात्र जिम्मेदारी थी अपने प्रति।

अप्रैल 1926 में मैंने सेकंड डिवीजन में बी.ए. पास किया। और बी.ए. का परीक्षाफल प्राप्त होने के बाद फिर स्वभावतः मेरे सामने प्रश्न उठा—अगला कदम क्या हो ?

भविष्य की कोई निश्चित रूपरेखा नहीं थी मेरे सामने—शायद मेरे नियतिवाद के दर्शन का प्रथम धुँधला-सा आभास था मुझे। अफसर बनूँगा, अध्यापक बनूँगा, वकील बनूँगा—कुछ भी तय नहीं। मेरे परिवार में अफसरी की परम्परा थी, अध्ययन की परम्परा थी, वकालत की परम्परा थी। लेकिन मुझे कुछ बनना था, उसी की कल्पना मैं नहीं कर पा रहा था।

अफसरी, वकालत और अध्यापन—इन तीनों के लिए बी.ए. की शिक्षा अधूरी थी। तो मैंने एम.ए. हिन्दी में और एल.एल.बी. के प्रथम वर्ष में प्रवेश ले लिया। कुछ वर्ष पहले तक एम.ए. और एल.एल.बी. की परीक्षाएँ एक साथ दी जा सकती थीं, लेकिन उन दिनों यह नियम बन गया था कि एम.ए. प्रथम वर्ष और एल.एल.बी. प्रथम वर्ष की परीक्षाएँ एक साथ दी जा सकेंगी। फाइनल दोनों के अलग-अलग करने पड़ेंगे—जिसे भी चाहो वह पहले चुन लिया जाए। एम.ए. प्रीवियस तथा लॉ प्रीवियस की परीक्षाएँ केवल औपचारिक समझी जाती थीं। एम.ए. प्रीवियस में डिवीजन भी मिलता था, लेकिन उस डिवीजन का एम.ए. फाइनल की परीक्षा से कोई सम्बन्ध नहीं होता था, असली डिवीजन तो एम.ए. फाइनल का ही माना जाता था। एल.एल.बी. प्रीवियस में तो डिवीजन भी नहीं मिलता था, आमतौर से सभी विद्यार्थी एल.एल.बी. प्रीवियस में पास हो जाते थे।

हिन्दी साहित्य में मेरा स्थान बनता जा रहा था यद्यपि विश्वविद्यालय के जीवन में साहित्येतर और भी शौक पैदा हो गए थे सामाजिक पक्ष को लेकर। और इसलिए साहित्य के क्षेत्र में मेरी गति अपेक्षाकृत धीमी थी। जिन्हें अंग्रेजी में आउटडोर और इन्डोर गेम कहते हैं, उनमें मुझे शौक था। एक ओर हॉकी और टेनिस तो दूसरी ओर ब्रिज, कैरम और शतरंज। वोकेशन सप्ताह में विभिन्न होस्टलों में ड्रामा होते थे, तो मैं अपने होस्टल में ड्रामा भी लगातार दो साल तक करता रहा। विश्वविद्यालय के सामाजिक जीवन में मेरा महत्त्वपूर्ण स्थान बन चुका था, यद्यपि मैं भाषण देने से तथा यूनियन के पदाधिकारी बनने से हमेशा कतराता रहा। सरस्वती ने मेरी लेखनी में तो प्रवेश किया था, लेकिन मेरी वाणी से जैसे उसने अपना रिश्ता ही तोड़ लिया हो। एकाध बार भाषण देने को खड़ा हुआ, तो आँखों के आगे अँधेरा-सा छा गया...पैर काँपने लगे।

मुझे आश्चर्य हो रहा है कि मैंने अपनी इस कमजोरी को उसी समय क्यों नहीं महसूस कर लिया। यह तो ठीक है कि बातचीत में मैं पटु था, किस कदर हाजिरजवाब भी था, लेकिन वकालत में वक्तृत्व-कला भी होनी चाहिए जिसमें मैं कोरा था।

सन 1927 में मैंने हिन्दी में एम.ए. प्रीवियस और एल.एल.बी. प्रीवियस की परीक्षाएँ पास कर लीं। एम.ए. प्रीवियस में मुझे फर्स्ट डिवीजन मिला था, लेकिन मेरा स्थान तीसरा था। मैंने मार्कशीट ली और देखकर मैं अवाक रह गया। पाँच पर्चों में चार में तो मुझे सत्तर प्रतिशत के ऊपर मार्क मिले थे, लेकिन एक में कुल जमा पैंतीस प्रतिशत। जिस पेपर में मैं फेल होते-होते बचा था वह पर्चा मेरे प्रोफेसर धीरेन्द्र वर्मा का था। बाहर के परीक्षकों ने मुझे काफी अच्छे नम्बर दिए थे।

मैं पहले ही संकेत कर चुका हूँ कि मुझे एक उग्र तथा अपने को दूसरों पर आरोपित करनेवाला अहं मिला है। और उस अहं के कारण यद्यपि मुझे जीवन में बड़ी विपत्तियाँ झेलनी पड़ी हैं, उसी के कारण मैं आज तक कायम रह सका हूँ। जो चीज मेरे अन्दर नहीं है, उसका झूठा प्रदर्शन करना मेरे लिए सम्भव न था, और इसीलिए जो परम्परा में गुरुभक्ति कहलाती है, उसका मुझमें अभाव था। जो कुछ मैंने जाना या सीखा है वह अपने अन्दर से, दुनिया के संघर्षों में पिसकर, दर-दर की ठोकरें खाकर।

मैं सीधे श्री धीरेन्द्र वर्मा के पास पहुँचा। एक सीधा-सादा प्रश्न, "क्या मेरा पर्चा वास्तव में ऐसा था कि आप मुझे केवल पैंतीस नम्बर देते ? बाहर

के परीक्षकों ने मुझे सत्तर प्रतिशत से अधिक नम्बर दिए हैं।''

और बड़े सहज भाव में उनका उत्तर, ''देखो, तुम बाहर के परीक्षकों को धोखा दे सकते हो अपनी लेखन शैली से, लेकिन मुझे धोखा नहीं दे सकते। मैं जानता हूँ कि तुमने कभी अध्ययन किया ही नहीं। तुम्हारे पास तो पुस्तकें भी नहीं हैं। यह एम.ए. प्रीवियस का मामला था, असली डिवीजन तो तुम्हें फाइनल में मिलना है। तो मैंने तुम्हें सचेत किया है कि तुम एम.ए. फाइनल में मेहनत करो—मन लगाकर पढ़ो—तुम्हें प्रथम स्थान मिलेगा। समझे ?''

बात उन्होंने ठीक कही थी। अपनी असलियत को अपनी लेखनी द्वारा मैं उन लोगों से ढक सकता था जो मुझे नहीं जानते थे, उस समय भी मेरी शैली में बल था, लेकिन जो मुझे जानते थे उनको तो धोखा नहीं दिया जा सकता। मैंने कुछ रूखे स्वर में कहा, ''जी, मैं समझ गया। लेकिन मैं अपनी आदत से बाज नहीं आ सकता—न मैं कभी पुस्तकें खरीदूँगा और न जी लगाकर पढ़ूँगा।'' और बिना उनके उत्तर की प्रतीक्षा किए मैं उनके सामने से चला आया। जैसे मेरे जीवन का क्रम निर्धारित हो गया हो। मैंने उस आवेश के क्षण में ही अपना निर्णय ले लिया, दूसरे दिन ही मैंने एल.एल.बी. फाइनल ज्वाइन कर लिया।

एक वर्ष और इलाहाबाद में रहा और मैंने एल.एल.बी. की परीक्षा पास कर ली। उस परीक्षा में मुझे विश्वविद्यालय में चौथा स्थान मिला था।

परिवार में एक प्राणी और बढ़ गया था—उमा ने इस बार पुत्र को जन्म दिया उसका नाम रखा गया—अभय।

और अब मुझे अनुभव हुआ कि एम.ए. न पास करके मुझसे गलती हो गई है। वकालत जमाने में मुझे भयानक संघर्ष करना पड़ेगा, वर्षों प्रतीक्षा करनी पड़ेगी। संघर्ष करने की प्रवृत्ति तो भाग्य में थी, लेकिन प्रतीक्षा करने का धैर्य और अवकाश मेरे पास नहीं था। घर की पूँजी समाप्त हो चुकी थी, मैं मन-ही-मन काँप उठा। मेरी ताई यानी नई चाची ने मुझे साहस बँधाया, बोलीं, ''जाओ एक साल और पढ़ लो पढ़कर एम.ए. पास कर लो—तुम्हारे पढ़ने का खर्च मैं बर्दाश्त कर लूँगी।'' और मैं अजीब पराजय के भाव से विश्वविद्यालय लौटा—एम.ए. फाइनल में मैंने प्रवेश ले लिया।

एम.ए. फाइनल में मैंने प्रवेश तो ले लिया, लेकिन ऐसा लग रहा था कि हरेक तरफ मुझ पर व्यंग्य हो रहे हैं। मेरी हँसी उड़ाई जा रही है। शायद उपेक्षा और उपहास मेरी कल्पना के उपज थे—किसी को दूसरों में दिलचस्पी

लेने का समय नहीं है। या फिर शायद घोर अभाव और अपनी पराजय की भावना से मैं घबरा उठा था। दो महीने तक मेरे अन्दर कोई लगातार मुझसे कहता रहा, ''कायर बनकर अनायास ही अपना संकल्प क्यों बदल दिया ? कदम उठाने के बाद कदम पीछे हटाने की कोशिश करना अपनी पराजय को स्वीकार करना है।''

मेरे संगी-साथी सब-के-सब मुझे आश्चर्य से देखते रह गए जब एक दिन मैं होस्टल से अपना सामान बटोरकर कानपुर के लिए रवाना हो गया—जीवन के संघर्षों से जूझने के लिए या फिर अपने आहत स्वाभिमान की रक्षा करने के लिए।

स्वतन्त्र रूप से वकालत करने के पहले छः महीने तक मुझे किसी वरिष्ठ वकील के नीचे काम करना होगा—यह नियम उस समय तक हाईकोर्ट ने लागू कर दिया था। अपने पिता के सहयोगी बाबू मुन्नालाल का जूनियर मैं बन गया।

इस कशमकश में, मानसिक दबावों की इस स्थिति में मेरा स्वास्थ्य एकाएक बहुत बिगड़ गया। घंटों खाँसी आती थी और वह खाँसी तब तक न रुकती थी, जब तक उलटी न हो जाती थी। मन में किसी तरह का उत्साह नहीं था, लगता था जैसे मैं अपना जीवन जिस-तिस तरह ढो रहा हूँ। संघर्षों की कुंठा से त्राण पाने के लिए अब मैंने फिर साहित्य की शरण ली। न जाने कितनी कविताएँ लिखीं, और कवि की हैसियत से अब मेरी ख्याति बढ़ने लगी। 'क्रय-विक्रय', 'कसक कहानी', 'नूरजहाँ की कब्र पर' ! इन कविताओं पर मुझे हर तरफ से प्रशंसा ही मिली। मैंने 'पतन' नाम का एक उपन्यास भी लिख डाला।

लखनऊ से दुलारेलाल भार्गव नाम के एक सज्जन बड़े जोर-शोर के साथ साहित्य के क्षेत्र में सम्पादक, कवि तथा प्रकाशक के रूप में प्रवेश कर रहे थे। सबसे पहले उन्होंने मुंशी नवलकिशोर के प्रेस से 'माधुरी' का सम्पादन आरम्भ किया। बाद में नवलकिशोर प्रेस से अलग होकर अपना निजी प्रकाशन कार्य गंगा पुस्तक माला से आरम्भ कर दिया।

उस समय तक केवल 'सरस्वती' ही साहित्यिक पत्रिका के रूप में जमी रह सकी थी—अन्य साहित्यिक पत्र-पत्रिकाएँ निकलने के कुछ वर्षों के अन्दर बन्द हो चुकी थीं। नवलकिशोर प्रेस एक प्रतिष्ठित साहित्यिक प्रतिष्ठान बन चुका था। फारसी, उर्दू एवं हिन्दी के महत्त्वपूर्ण ग्रन्थों के प्रकाशन के साथ स्वभावतः हिन्दी के लेखकों की नजर इस नवलकिशोर

प्रेस से सम्बन्धित श्री दुलारेलाल भार्गव पर टिकी थीं—स्वयं साहित्यकार, उससे बढ़कर साहित्यकारों के संरक्षक। मेरा उपन्यास इसी गंगा पुस्तक माला से छपा, नाम था 'पतन'।

साहित्य उन दिनों तक तो शौक की चीज थी या फिर दरबारदारी करके भिक्षा की वृत्ति थी। श्री दुलारेलाल भार्गव बढ़ रहे थे, लेखकों के बल पर। बारह आने प्रतिपृष्ठ के हिसाब से उन्होंने 'पतन' का कॉपीराइट लिखा लिया था और मैंने लिख दिया था, और कहीं कुछ मिलता भी तो नहीं था। लेकिन पूरी रकम उन्होंने एक मुश्त नहीं दी, उसे दस-दस या बीस-बीस रुपयों के रूप में वसूल करने के लिए मुझे लखनऊ जाना पड़ता था।

इस दौड़-धूप की मुझमें कोई कुंठा नहीं थी—उन दिनों हिन्दी के प्रायः सभी लेखकों के साथ यही हाल था। निरालाजी की पुस्तक का कॉपीराइट एक रुपया प्रतिपृष्ठ के हिसाब से बिका था, प्रेमचन्द तक की पुस्तकों का कॉपीराइट बिका था—किस दर से, यह मुझे नहीं मालूम। लखनऊ जाने में मुझे सुख ही मिलता था, श्री सुमित्रानन्दन पन्त उन दिनों लखनऊ आ गए थे और अपने बड़े भाई हरदत्त पन्त के साथ रहते थे। तो उनसे मिलना होता था। सूर्यकान्त त्रिपाठी 'निराला' भी लखनऊ में बस गए थे। 'माधुरी', 'सुधा' और गंगा पुस्तकालय के कारण उन दिनों लखनऊ हिन्दी के साहित्यकारों का केन्द्र-सा बन गया था।

'निराला'! अनायास ही मेरी स्मृतियाँ जाग उठती हैं। श्री सूर्यकान्त त्रिपाठी 'निराला' के प्रथम दर्शन मुझे 1928 में हुए थे, कानपुर में हितैषीजी के मकान पर। कुछ अजीब परिस्थितियों में।

श्री जगदम्बाप्रसाद मिश्र 'हितैषी' उन दिनों कानपुर के उठते हुए प्रतिभाशाली कवियों में गिने जाते थे। उनका मकान चौक की एक गली में था और मैं अक्सर जब चौक जाता था तब उनके यहाँ हो लेता था। मुझसे वह अवस्था में पाँच-छः साल बड़े रहे होंगे, लेकिन उनके साथ मेरे बराबरी के व्यवहार थे। तो मैं उनसे एक दिन बैठा हुआ बातें कर रहा था। तभी एक व्यक्ति उनके मकान के चबूतरे पर चढ़ा। लम्बा-सा सुडौल युवक, नंगे पैर और नंगे सिर। धोती, कमीज और उस पर खुले कालर का कोट। चबूतरे से हितैषीजी की बैठक में प्रवेश करते हुए उसने हितैषीजी से पूछा, तुम्हीं श्री हितैषीजी हो क्या ?

हितैषीजी ने बैठे-ही-बैठे रूखे स्वर में कहा, "जी हाँ ! आपका परिचय ?"

बैठते हुए उस व्यक्ति ने उत्तर दिया, "मेरा नाम सूर्यकान्त त्रिपाठी

'निराला' है। कानपुर आया था तो सोचा तुमसे भी मिलता चलूँ।''

'निराला !' नाम हम दोनों के लिए ही सुपरिचित था। 'निराला' अपने को हिन्दी साहित्य पर आरोपित कर रहे थे। छायावाद के स्तम्भ के रूप में। कलकत्ता से निकलने वाले 'मतवाला' पत्र में उनकी कविताएँ लगातार निकल रही थीं।

हितैषीजी ने अब विनम्रता के साथ हाथ जोड़े, ''क्षमा कीजिएगा, मैंने आपको पहचाना नहीं था। आपका स्वागत है ! कब आए आप ?''

हितैषीजी में और निरालाजी में औपचारिक बातचीत होने लगी, मैं अस्तित्वहीन-सा अलग बैठा उनकी बातें सुन रहा था। इस बातचीत के दौरान निरालाजी ने हितैषीजी से पूछा, ''मैंने 'माधुरी' में पन्त और 'पल्लव' पर एक लेखमाला लिखी है, क्या राय है तुम्हारी उन लेखों पर ?''

हितैषीजी छायावाद की कविता से कोसों दूर, छायावाद सम्बन्धी वाद-विवाद में उन्हें कोई दिलचस्पी नहीं थी। कुछ सकपकाते हुए उन्होंने कहा, ''नहीं महाराज, मैंने तो वह लेख नहीं पढ़े।''

तभी मेरे मुख से एकाएक निकल पड़ा, ''मैंने वह लेख पढ़े हैं ध्यान से।'' मेरे स्वर में अनायास ही तीखापन आ गया था। स्वर में तीखापन आने का एक कारण था। इलाहाबाद विश्वविद्यालय में श्री सुमित्रानन्दन पन्त के साथ मेरा परिचय हुआ था, वह मेरे अनजाने ही अब तक सद्भावनायुक्त घनिष्ठता में परिणत हो गया था। निरालाजी ने 'माधुरी' के लेखों में सुमित्रानन्दन पन्त पर प्रहार किया था, यह साबित करते हुए कि पन्त ने 'पल्लव' वाली कविताओं में अनेक संस्कृत तथा अंग्रेजी कवियों के भाव चुराए हैं। निरालाजी के इस प्रहार में वैसे मुझे उस समय यह भी पता नहीं था कि पन्त कहाँ हैं, क्या कर रहे हैं ? उन पर इन लेखों की क्या प्रतिक्रिया हुई होगी ? पन्त और मुझमें आत्मीयता और सद्भावना तो थी, लेकिन जिसे घनिष्ठता कहा जाता है वह नहीं थी। हम दोनों ही संघर्ष कर रहे थे अपने-अपने ढंग से। और हम दोनों ही अपने संघर्षों में बेतरह डूबे हुए थे।

मेरे उस वाक्य से निराला को अनुभव हुआ कि उस कमरे में निराला और हितैषी को छोड़कर और भी कोई मौजूद है। मेरी तरफ घूमकर उन्होंने पूछा, ''तो तुम्हारी क्या राय है ?'' स्वर में एक तरह की चुनौती थी।

''अत्यन्त दुर्भावपूर्ण और मिथ्यारोपण से भरे हुए वे लेख हैं। किस कवि ने अपने पूर्वज कवियों को आत्मसात करके उन भावों को अपना नहीं बनाया है ? तुलसीदास की ही बात ले लें आप। उन्होंने अनेक प्राचीन

कवियों के रूपकों को, भावों को, यहाँ तक कि उक्तियों को अपने काव्य में स्थान दिया है।''

हितैषीजी ने बीच ही में बात काटी, निरालाजी से उन्होंने कहा, ''आप लोगों का परिचय करा दूँ। यह हिन्दी के उठते हुए कवि भगवतीचरण वर्मा हैं, इनकी कविताएँ 'माधुरी' में पढ़ी होंगी।''

निरालाजी की मुख-मुद्रा बदल गई, ''तुम्हीं भगवतीचरण वर्मा हो ! अच्छा लिखते हो।''

तो इस तरह मेरा निराला से प्रथम परिचय हुआ था।

निराला लखनऊ में स्थापित हो रहे थे, कलकत्ता छोड़कर। दूसरों पर छा जानेवाला एक सबल व्यक्तित्व, कलाकार का अहं, किसी हद तक उद्धत और साथ ही न जाने कितनी कुंठाएँ। वैसे हृदय से निष्कपट, भोले-भाले उन्मुक्त आदमी। बावजूद अपनी तमाम कमजोरियों के निराला मुझे पसन्द आए। कवि की हैसियत से, उतना नहीं जितना व्यक्ति की हैसियत से। उनसे बातें करने में मुझे मजा आता था, उनके साथ बैठने में मुझे सुख मिलता था। मैं हमेशा से बहिर्मुखी रहा हूँ न !

मेरा अतीत सपने की भाँति धुँधला पड़ चुका है, केवल कुछ थोड़ा-सा याद रह गया है बहुत कुछ भूल चुका हूँ। और उन याद रह जानेवाली घटनाओं में एक है—मुझे मिला छतरपुर राजा साहेब का निमन्त्रण।

सन 1929 के मार्च या अप्रैल महीने की बात है कि मुझे एक पत्र मिला था—श्री गुलाबराय, महाराज छतरपुर के प्राइवेट सेक्रेटरी का। उसमें लिखा था कि महाराज छतरपुर को मेरा 'पतन' उपन्यास बहुत पसन्द आया और वह मुझसे व्यक्तिगत रूप से मिलकर बात करना चाहते हैं, अतः मैं छतरपुर के लिए आमन्त्रित हूँ।

चित्त प्रसन्न हो गया इस पत्र को पाकर। छतरपुर बुन्देलखंड का एक देसी राज्य था। मैं छतरपुर के लिए एक हफ्ते बाद ही चल पड़ा। कानपुर से बाँदा, बाँदा से झाँसी की लाइन पर हरपालपुर का स्टेशन, और वहाँ से बस पर छतरपुर। छतरपुर पहुँचकर सीधे श्री गुलाबराय के यहाँ पहुँचा। उन्होंने बड़ी आत्मीयता के साथ मेरा स्वागत किया। उनके सहकारी (सहायक) थे श्री रामनारायण मिश्र जो 'किसान बालक' उपनाम से कविता भी करते थे—उम्र में मुझसे कुछ छोटे। मेरे ठहरने की व्यवस्था छतरपुर राज्य के अतिथि-गृह में हुई, एक टीले पर एक शानदार बँगला—नौकर-चाकर सब कोई। सामिष और निरामिष भोजन की व्यवस्था थी, शराब की भी व्यवस्था

थी, लेकिन मैं शराब पीता नहीं था। तीन दिन मैं उस बँगले में रहा, राजा साहेब के मेहमान के रूप में। उन तीन दिनों में श्री रामनारायण मिश्र ने खजुराहो की सैर कराई—पहाड़ों और जंगलों की सैर कराई। चौथे दिन सुबह के समय महाराजा छतरपुर ने मुझे बुलाया। श्री गुलाबराय मेरे साथ थे। एक पगड़ी मुझे बाँधी गई—राजा साहेब के दरबार में बिना पगड़ी बाँधे जाने की प्रथा नहीं थी। कार पर मैं महाराज के महल में पहुँचा।

महल क्या था, एक कच्ची-पक्की हवेली थी। एक बड़ा-सा फाटक और उस फाटक के पीछे छोटी-बड़ी अनगिनत कोठरियाँ। सब जगह कच्चे फर्श गोबर से लिपे हुए। फाटक पर ही मुझे जूता खोल देना पड़ा। हम लोग राजा साहेब के सामने पहुँचे।

एक मुनहरी-सा दुबला-पतला आदमी अजीब निरीह ढंग का चेहरा, धोती और कुरते में—एक छोटे-से कमरे में पलंग पर बैठा था। नीचे दरी बिछी हुई थी, जिस पर मुझे बैठाया गया। श्री गुलाबराय मुझे राजा साहेब के पास अकेला छोड़कर किसी बगलवाले कमरे में चले गए।

राजा साहेब ने 'पतन' के कथानक को लेकर मुझसे नवाब वाजिदअली शाह और अवध के इतिहास पर जानकारी चाही। वह इस जानकारी को हासिल करने के लिए काफी खर्च करने को तैयार थे। लेकिन न मैंने अवध का इतिहास पढ़ा था और न मुझे उन नवाबों में कोई दिलचस्पी थी, मैंने तो अपनी कल्पना के बल पर वह उपन्यास लिखा था। करीब बीस-पचीस मिनट बाद भेंट समाप्त हो गई—और मैं भी रामनारायण मिश्र के साथ महाराज के कमरे से बाहर निकला। दो-तीन दिनों में श्री रामनारायण के साथ मेरी घनिष्ठता बढ़ गई, उन्होंने बाहर निकलते ही कहा, "यह क्या कर डाला आपने ! आपको दो-चार हजार की आय हो जाती महाराज से अगर आप दो टूक उत्तर न देकर कुछ गोलमटोल बातों में उन्हें उलझाए रखते।"

और तब कुछ क्षणों के लिए मुझे भी लगा कि मुझसे कुछ गलती हो गई। लेकिन आज सोच रहा हूँ कि मैंने कोई गलती नहीं की थी—एक बार छल-कपट के रास्ते को अपना लेने के बाद फिर जीवन-भर के लिए वही रास्ता बन जाता है, उससे हट सकना बड़ा दुष्कर है। वैसे मुझे कोई आर्थिक हानि नहीं हुई थी, विदाई में मुझे सौ रुपए मिले थे या पचास रुपए मिले थे, यह मुझे ठीक-ठीक याद नहीं, लेकिन जो कुछ मिला था उससे मैं सन्तुष्ट था।

मैं छतरपुर से कानपुर वापस लौटा, जीवन का क्रम उसी तरह घिसटता

हुआ चलने लगा। किस तरह अपने परिवार के साथ मैं जिन्दा था, मुझे आज स्वयं अपने ऊपर आश्चर्य हो रहा है। जैसे उन अभावों और विवशताओं से जूझने में मुझे मजा आ रहा था। कौशिकजी की मंडली मन बहलाव के लिए काफी थी। और फिर आया सन 1929 का शीतकाल। दिसम्बर का महीना था—एक दिन मेरी पत्नी उमा को रात के समय खाँसी का भयानक दौरा उठा। सारी रात जागते ही बीती। दूसरे दिन सुबह बलगम के साथ खून निकला। डॉक्टर को दिखाया। कुछ दिन बाद डॉक्टर ने कुरूप सत्य मुझ पर प्रकट कर दिया, इन्हें तपेदिक हो गया है।

मैं सिर से पैर तक सिहर उठा। आज सोच रहा हूँ कि उमा ने स्वयं मिटकर मेरी रक्षा की। अभाव और विवशता का जहर उसने अकेले ही पी लिया। उसने मुझे चिन्ताओं से मुक्त रखा जिससे मैं अपनी बहिर्मुखी प्रवृत्तियों में अपना मन बहलाव करता रहूँ। घर में वह अकेली समस्त यातनाएँ लेकर घुटती रही।

क्षयरोग का लम्बा और महँगा इलाज। उन दिनों क्षयरोग की कोई औषधि नहीं निकली थी। पास में पैसे नहीं, पत्नी के पास कुछ बचे-खुचे गहने। डॉक्टरों ने मुझे आदेश दिया कि मैं गर्मियों में उसे पहाड़ ले जाऊँ। होस्टल में अल्मोड़ा के रहनेवाले एक मित्र थे—श्री रासबिहारी शाह। वहाँ के सम्पन्न व्यक्ति थे, अनगिनत मकान। उन्हें पत्र लिखा और उन्होंने अपने एक मकान में अल्मोड़ा में हम दोनों के रहने की व्यवस्था कर दी। सन् 1930 की मई में मैं अपनी माता, अपनी पत्नी तथा अपने बच्चों को साथ लेकर अल्मोड़ा के लिए चल पड़ा।

मुझे हर जगह आत्मीयता मिली, हर जगह सहायता मिली। अल्मोड़ा के डॉक्टर खजानचन्द का नाम मैं नहीं भूल सकता—उनका इलाज होने लगा। कितना अधिक उपकृत हूँ मैं उनका और वहाँ पहुँचकर मेरी पत्नी के स्वास्थ्य में सुधार होने लगा। अपनी पत्नी, माता और बच्चों को अल्मोड़ा छोड़कर मैं कानपुर वापस लौटा, अपनी वकालत जमाने के लिए। लेकिन वकालत नहीं जम रही थी, ऐसा लगता था कि मैं पत्थरों से अपना सिर पटक रहा हूँ।

अक्तूबर के प्रथम सप्ताह में मैं फिर अल्मोड़ा वापस लौटा अपने परिवार को वापस लाने के लिए। उमा अब पूरी तौर से स्वस्थ दिख रही थी—मन को सन्तोष हुआ। और फिर कानपुर लौटकर मैंने निर्णय लिया कि इस नगर को छोड़कर कहीं किसी छोटी जगह वकालत आरम्भ की जाए।

अचानक हमीरपुर का नाम मुझे सूझा। हमीरपुर में मेरा ननिहाल था, हर साल मैं हमीरपुर जाता था, एकाध महीने के लिए। निहायत छोटी-सी जगह लेकिन जिले का सुन्दर मुकाम। मेरे नाना का परिवार हमीरपुर के इने-गिने प्रतिष्ठित परिवारों में था। वहाँ हर तरह की सुविधाएँ थीं। और सन 1930 को नवम्बर या दिसम्बर में मैं अपने समस्त परिवार को लेकर हमीरपुर आ गया।

2

यमुना और बेतवा के संगम पर बसा हुआ हमीरपुर—उस छोटे-से शहर की अपनी एक निजी सुन्दरता थी। ऊबड़-खाबड़ भूमि, बुन्देलखंड का वह अंचल अपनी कठोरता के कारण मुझे हमेशा पसन्द रहा—उस नगर के प्रति मेरे अन्दर एक प्रकार की आत्मीयता का भाव था।

हमीरपुर पहुँचकर मुझे अच्छा लगा। मेरे नाना का एक बड़ा बँगला था, एक बड़ा बाग था—लेकिन जब हमीरपुर में बसना तै किया तब मुझे अलग एक किराए का मकान लेकर रहना ही उचित लगा। वहाँ एक छोटा-सा बाजार था, उस बाजार में अपने ऑफिस के लिए मैंने एक कमरा भी किराए पर ले लिया। एक सहायक भी रख लिया था मैंने, लेकिन काम-काज नदारद। लोगों ने मुझे मुकदमा लाने के लिए दलाल रखने की सलाह दी। लेकिन यह सलाह मुझे पसन्द नहीं आई, दलालों द्वारा मुकदमा पाने में अनैतिकता दिखी मुझे।

वकालत चले या न चले, वहाँ के सामाजिक जीवन में बड़ी जल्दी घुल-मिल गया। उस छोटे से कस्बानुमा शहर में अफसरों के लिए एक क्लब भी था। अफसरों की संख्या कम थी इसलिए उस क्लब में वकीलों

के शामिल होने की छूट थी। मैं उस क्लब का भी सदस्य बन गया। टेनिस खेलना, ब्रिज खेलना, पिकनिक में जाना—दिन मजे में कट रहे थे।

उन दिनों हमीरपुर में एक अच्छे कलेक्टर थे श्री मड़ककर। उनका पूरा नाम तो अब मुझे याद नहीं रहा, किस कदर रूखे-से आदमी—अपने काम से काम। लेकिन उनसे प्रथम बार मिलकर ही जैसे उनके प्रति एक तरह की आत्मीयता हो गई। इन्दौर के सरदार माधवराव और श्रीमती कमलाबाई किबे के जमाता थे। जहाँ तक मुझे याद है सन 1928 या 29 में इन्दौर में हिन्दी पत्रकार-सम्मेलन हुआ था। उस सम्मेलन के साथ एक कवि सम्मेलन की भी व्यवस्था थी, जिसमें मैं आमन्त्रित था। उन दिनों सस्वर कविता-पाठ में मेरी धूम थी, शायद उतनी ही जितनी बाद के दिनों में बच्चन और नीरज की थी, और उस कवि-सम्मेलन में जो मैंने अपनी कविता पढ़ी तो सारे नगर में धूम मच गई। श्रीमती कमलाबाई किबे और सरदार माधवराव किबे उस कवि-सम्मेलन में मौजूद थे—उनसे मेरा परिचय हुआ, उनके यहाँ भोजन करने का निमन्त्रण भी मुझे मिला था। श्रीमती कमलाबाई किबे अत्यन्त प्राणवान और साहित्य-प्रेमी महिला थीं।

श्री मड़ककर साहित्य-प्रेमी थे, उनके यहाँ मैं अक्सर चला जाया करता था। विदेशी साहित्य में श्रेष्ठ उपन्यासों का उनके पास अच्छा-खासा संग्रह था, उनकी लाइब्रेरी से किताबें लेकर पढ़ने का मुझे खुला निमन्त्रण था।

एक साल पहले कानपुर में बालकृष्ण शर्मा 'नवीन' ने एक दिन कौशिकजी की मंडली में अनातोले फ्रांस के 'थाया' नामक उपन्यास की भूरि-भूरि प्रशंसा की थी और यहाँ तक कह डाला था कि अनातोले फ्रांस दुनिया का सबसे बड़ा उपन्यासकार है। नवीन भावुक युवक थे, स्वयं एक शक्तिशाली कवि, अंग्रेजी साहित्य पढ़ने के शौकीन। उन दिनों उनके दो विदेशी साहित्यकार प्रिय थे- कविता में ऑस्कर वाइल्ड और उपन्यास में अनातोले फ्रांस। ऑस्कर वाइल्ड के 'बैलड ऑफ रीडिंग' का तो वे कभी-कभी मौज में आकर हम लोगों के सामने सस्वर पाठ भी कर दिया करते थे।

तो जब मैंने श्री मड़ककर के पुस्तकालय में 'थाया' उपन्यास देखा तो उसे उनसे माँग लाया। मन में था कि फ्रांस में कौन-सी ऐसी खास बात है जो नवीन ने उसकी इतनी प्रशंसा की। वह उपन्यास मैं आदि-से-अन्त तक पढ़ गया। उपन्यास मुझे अच्छा लगा, लेकिन पढ़ने के बाद मुझे लगा कि ऐसा उपन्यास, इसी समस्या को लेकर मैं भी लिख सकता हूँ।

यह बात कई दिनों तक मन के किसी कोने में पड़ी रही। जीवन और

आजीविका के संघर्षों में पिसता हुआ मेरे अन्दर वाला कलाकार कहीं मेरे अनजाने ही बुरी तरह कसमसा रहा था। दिन में सुबह के समय मैं अपने दफ्तर में बैठा किसी मुअक्किल के आ फँसने की प्रतीक्षा करता था और दस बजे घर लौटकर भोजन करके ग्यारह बजे कचहरी पहुँच जाता था। कोई काम नहीं। जैसे मैं अपनी जिन्दगी ढो रहा होऊँ।

एक दिन सुबह मैं अपने ऑफिस में बैठा था—रोज की तरह सन्नाटा, कहीं कोई मुअक्किल नहीं। एकाएक मैं उठा, बाजार में पास वाली स्टेशनरी की दुकान से मैं दो आने की कॉपी खरीद लाया, और मैंने लिखना आरम्भ किया—श्वेतांक ने पूछा और...

'चित्रलेखा' उपन्यास का प्रारम्भ हो गया, मेरे अनजाने ही। मैंने उपन्यास की कोई रूपरेखा नहीं बनाई थी केवल एक आइडिया भर था—योगी और भोगी के चरित्र। जहाँ भोगी का चरित्र योगी के चरित्र से कहीं अधिक ऊँचा उतरता है क्योंकि भोगी के चरित्र में कहीं किसी तरह की कुंठा नहीं, उसके जीवन में किसी तरह का अवरोध नहीं। पाप और पुण्य के प्रदर्शन द्वारा ही मुझे उपन्यास को आगे बढ़ाना था—जैसे अनातोले फ्रांस ने 'थाया' में किया था। मेरी कलम चलने लगी जैसे मेरे अन्दर का कहानीकार मेरे समस्त कवित्व को बटोरकर चलने लगा हो। लेकिन उपन्यास लिखने की गति शिथिल थी, मैं केवल कहानी ही नहीं लिख रहा था, मैं उस कहानी में जैसे अपने समस्त व्यक्तित्व को उड़ेल रहा था।

सन 1930 का वर्ष समाप्त हो गया—31 का वर्ष आया। तभी एक धक्का लगा मेरे मन को। कानपुर में हिन्दू-मुस्लिम दंगा हुआ—तीन दिन तक भयानक नरसंहार होता रहा, और उस नरसंहार को रोकने के प्रयत्न में श्री गणेशशंकर विद्यार्थी ने अपने प्राणों की आहुति दे दी। लोगों को मृत्यु से बचाने के प्रयत्न में उन्होंने अपने प्राण दे दिए—कैसी विडम्बना !

वैसे न मैं विद्यार्थी जी का शिष्य था, न मैं उनका अनुयायी था—लेकिन हमेशा मेरे मन को एक सहारा रहा कि एक व्यक्ति ऐसा है जिसके सामने मैं अपने को निःसंकोच खोलकर रख सकता हूँ और जिससे मुझे संवेदना ही नहीं सहायता भी मिल सकती है। वह सहारा भी जाता रहा।

आर्थिक कठिनाइयाँ भयानक रूप से मुँह बाए खड़ी थीं, और मैं बेहद परेशान था। एक दिन एक विज्ञापन मैंने देखा 'लीडर' में—उज्जैन के विनोद मिल्स के मालिक श्री लालचन्द सेठी को एक प्राइवेट सेक्रेटरी की आवश्यकता थी, वेतन ढाई सौ रुपया महीना, रहने का स्थान मुफ्त। उन दिनों डिप्टी

कलेक्टर की तनख्वाह ढाई सौ रुपया महीना होती थी। श्री लालचन्द सेठी साहित्य-प्रेमी थे, पिछली बार जब मैं इन्दौर गया था तब उनके दर्शन भी हुए थे। नितान्त सात्विक प्रकृति के, अतिशय उदार और सहृदय—कुछ ऐसे लगे थे वह मुझको। मैंने एक आवेदन-पत्र भेज दिया, वैसे उस नौकरी को पाने की आशा मुझे कम ही थी।

करीब पन्द्रह दिन बाद मुझे श्री लालचन्द सेठी का पत्र मिला, कि उनके प्राइवेट सेक्रेटरी की हैसियत से मेरी नियुक्ति हो गई है। मन को एक तरह की शान्ति मिली, जिन्दगी की इस कशमकश से मुझे त्राण तो मिलेगा। जल्दी-से-जल्दी आकर काम सँभाल लेने का आग्रह था।

मैं एक हफ्ते बाद ही उज्जैन पहुँचा, श्री लालचन्द सेठी ने मुझे स्टेशन से लाने के लिए अपनी गाड़ी भेज दी थी। मैं अकेला गया—सोचा था कि उज्जैन में रहने का पूरा प्रबन्ध करके अपने परिवार को साथ ले जाऊँगा। बड़ी आत्मीयता के साथ श्री सेठी ने मेरा स्वागत किया। मुझे अपने साथ ही अपने निवास स्थान पर ठहराया। उनके साथ सुबह का नाश्ता, दोपहर और रात का भोजन। अच्छे-से-अच्छा खाना, हर तरह की सुख-सुविधा।

मेरा काम था सुबह के समय सेठीजी को अखबार सुनाना। उनके लिए एकाध पत्र लिख देना। उसके बाद वह अपनी मिल चले जाते थे, और मैं खाली। दोपहर को वह अपनी मिल से वापस लौटते थे तब उनके साथ बैठकर मैं भोजन करता था। कुछ देर विश्राम करके वह फिर मिल चले जाते थे और मैं फिर खाली। शाम के समय से रात तक उनके साथ बैठना। उनसे किसी विषय पर चर्चा करना। और फिर सो जाना।

मुझे यह याद नहीं कि यह क्रम तीन दिन चला या चार दिन चला, लेकिन मेरा मन इस सब में नहीं लगता था। अपना कोई अस्तित्व नहीं, मैं सेठ लालचन्द सेठी के जीवन का एक भाग-भर बन गया था। और चौथे या पाँचवें दिन मैंने अपना असबाब बाँधा। बड़ी विनम्रता के साथ सुबह के समय मैंने सेठ जी से कहा कि यह काम मेरे वश का नहीं है। यहाँ आकर मुझसे कुछ गलती हो गई है। सेठ लालचन्द सेठी चकित ! मुझे किसी तरह का कष्ट नहीं, समस्त सुविधाएँ मुझे प्राप्त थीं। काम निहायत हल्का—और वेतन भरपूर। उन्हें क्या पता था कि मेरे अन्दर एक अत्यन्त उग्र प्राणी है जो किसी की गुलामी के बन्धन में बँधने को नहीं तैयार है। उनके इस अज्ञान पर मैं उन्हें दोष नहीं दे सकता, स्वयं मुझे अपने अन्दर वाले इस अहं का सुस्पष्ट बोध नहीं था। अपने मन की करना—बचपन से

यही आदत रही थी मेरी, मुझे तो ऐसा लगता था कि अपनी मनमानी करने की मेरी प्रवृत्ति जन्मजात थी, परिस्थितियों से इस प्रवृत्ति के विकास में बल ही मिला था। और मैं अपनी उस प्रवृत्ति से हमेशा विवश रहा हूँ।

श्री लालचन्द सेठी ने मुझे समझाया-बुझाया, मुझे रोकने की बहुत कोशिश की, लेकिन मैं अपने निर्णय पर अड़ गया था। बाद में उनसे फिर कभी मिलना नहीं हुआ, लेकिन मैं आज तक उनका कृतज्ञ हूँ। उन्होंने मुझे बड़ी सद्भावना के साथ विदा किया, मेरे मार्ग-व्यय के लिए मुझे कुछ रुपए भी दिए थे, जिनसे मैं सही-सलामत हमीरपुर वापस जा सकूँ।

उसी दिन दोपहर की ट्रेन से मैं उज्जैन से इन्दौर के लिए चल पड़ा, इन्दौर से खंडवा और खंडवा से झाँसी होते हुए कानपुर, वहाँ से हमीरपुर—यही रास्ता मालूम था मुझे।

खंडवा पहुँचकर मैंने सोचा कि जब इतनी दूर आया हूँ तो क्यों न अपने साले श्री शारदाप्रसाद वर्मा से मिलता चलूँ। वह खंडवा से कुछ मील की दूरी पर बुरहानपुर में सर्कल इंस्पेक्टर ऑफ पुलिस थे। तो खंडवा से झाँसी जाने की बजाय मैं बुरहानपुर पहुँचा। मेरे अकस्मात आगमन से श्री शारदाप्रसाद चकित, लेकिन प्रसन्न भी। उनसे बातचीत हुई, मैंने उन्हें बताया कि उज्जैन से क्या-क्या करके वापस आ रहा हूँ। मेरी ऊटपटाँग हरकतों से मेरे नाते-रिश्तेदार सभी हैरान थे, उन्होंने मेरी हरकतों पर कोई टीका-टिप्पणी नहीं की, लेकिन मुझे ऐसा लगा कि वे मन-ही-मन बड़े चिन्तित हैं।

रात में उनकी बैठक में मेरा बिस्तर लगा। वह कमरा बीस फुट लम्बा और दस फुट चौड़ा था—एक किनारे मेरा बिस्तर लगा था। मैं हमेशा से देर तक सोने का आदी रहा हूँ। रात में देर तक जागता भी रहता हूँ। यह आदत मेरी अब भी है। उज्जैन में मुझे जबर्दस्ती जल्दी सोना पड़ता था क्योंकि जल्दी जागना पड़ता था। तो उस दिन मैंने बड़े इत्मीनान के साथ नींद ली।

करीब आठ बजे सुबह मेरी नींद खुली, और मैंने देखा कि दूर कमरे के दूसरे सिरे पर श्री शारदाप्रसाद एक व्यक्ति के साथ बैठे बातें कर रहे हैं। मेरी आँख खोलते ही उन्होंने मुझसे कहा, "भगवती, यह बड़े सिद्ध ज्योतिषी हैं। मैंने इन्हें बुला लिया है तुम्हारा भविष्य पढ़ने के लिए।"

साँवले रंग का एक व्यक्ति, अवस्था करीब पैंतीस वर्ष की रही होगी। दुबला-सा और लम्बा-सा, मस्तक पर वर्ग का टीका, सिर पर लाल पगड़ी।

शायद महाराष्ट्र का ब्राह्मण रहा हो, या फिर कन्नड़ रहा हो। लेकिन हिन्दी बड़ी साफ बोलता था। मैंने उठकर बैठते हुए कहा, ''मेरी जन्मपत्री तो मेरे पास है नहीं, क्या हस्तरेखा के आधार पर आप मेरा भविष्य बता सकेंगे ?''

उसने कहा, ''उठने की आवश्यकता नहीं है, आप वहीं बैठे रहिए। मैं आपका मुख देखकर ही सब-कुछ बता दूँगा।''

एक अजीब तरह के अविश्वास का भाव मेरे अन्दर, मैं सावधान होकर पलंग पर बैठ गया।

कुछ देर वह मेरे मुख को देखता रहा, फिर बोला, ''आप बहुत बड़े विद्वान और पंडित हैं—मेरी पहली बात।''

मुझे हँसी आ गई। हरेक को पता था कि मैं बी.ए., एल.एल.बी. वकील हूँ। मैंने कहा, ''यह तो सभी को मालूम है कि पढ़ा-लिखा वकील हूँ।''

''नहीं-नहीं, मेरा यह प्रयोजन नहीं है। आपको काव्य, दर्शन, गणित या ज्योतिष—इनमें किसी विद्या में पारंगत होना चाहिए। इस साधारण पढ़ने-लिखने और डिग्री प्राप्त करने को मैं विद्यालाभ नहीं समझता।''

अधिक वाद-विवाद करना बेकार था, मैंने पूछा, ''और आगे बताइए, भविष्य के विषय में !''

कुछ देर वह मेरी ओर देखता रहा, फिर बोला, ''आप जिस स्थान पर रह रहे हैं, इस वर्ष के अन्त तक आप उसे छोड़ देंगे।''

इस बार मैंने व्यंग्य के साथ कहा, ''वह स्थान तो छोड़ कर आया हूँ यहाँ, अब मैं फिर वहाँ वापस जा रहा हूँ। तो उस स्थान को छोड़ने का अभी कोई प्रश्न नहीं उठता।''

उसने दृढ़तापूर्वक कहा, ''यह अक्तूबर का महीना है, दो महीने ही तो बाकी हैं इस वर्ष के अन्त होने में। मेरी बात झूठ नहीं निकलेगी।''

और फिर जैसे उसने मेरे अविश्वास से चिढ़कर कहा, ''दो वर्ष के अन्दर ही आपको एक बहुत बड़ा मानसिक आघात लगेगा।'' और वह उठ खड़ा हुआ। श्री शारदाप्रसाद से उसने कहा, ''अब आप मुझे आज्ञा दीजिए, मेरी पूजा का समय हो रहा है।''

उस ज्योतिषी की बातों पर मैंने कोई ध्यान नहीं दिया।

शायद दो दिन बुरहानपुर रहा, फिर मैं वापस लौटा। बहुत दिनों बाद मैं हमीरपुर से बाहर निकला था—सोचा, इलाहाबाद होते हुए वापस लौटूँ। मेरे ताऊ का परिवार इलाहाबाद में था, फिर इलाहाबाद से मुझे एक तरह

का लगाव हो गया था। वह विद्यार्थी-जीवन जो मैंने वहाँ बिताया था, रह-रहकर मुझे याद आ जाता था। इलाहाबाद में न जाने कितने संगी-साथी थे मेरे। हमीरपुर लौटकर फिर से संघर्षों से जूझने के पहले मैं कुछ दिनों के लिए उन्मुक्त भाव से अपना जीवन बिताना चाहता था। और बुरहानपुर से मैं इलाहाबाद के लिए रवाना हो गया।

समझ में नहीं आता, कौन-सा विधान है वह जो मनुष्य के हरेक कर्म को संचालित करता रहता है। काल और नियति के हिलकोरों में बेबस-सा झूलता हुआ यह मानव अपने को कर्त्ता समझता है—मैं भी उस भ्रम से नहीं मुक्त था और अपने को कर्त्ता समझता था। मैं इलाहाबाद पहुँचा, और वहाँ मुझे अनायास ही श्री जगदम्बा प्रसाद मिश्र 'हितैषी' मिल गए। इलाहाबाद में मुझे वह सुख और सन्तोष नहीं मिला जिसकी मैंने अपेक्षा की थी, दो दिनों में ही मैं वहाँ से ऊब गया। मैं कानपुर लौटने की सोच ही रहा था कि 'हितैषी' ने मुझसे कहा, "चलो, एक दिन के लिए हम लोग कालाकांकर हो आएँ। मुझे राजा साहेब कालाकांकर से मिलना है, फिर हम लोग साथ ही कानपुर लौटेंगे।"

कुछ झुँझलाहट के साथ मैंने उत्तर दिया, "मैं तो राजा साहेब कालाकांकर को जानता नहीं, न मुझे उनसे कोई काम है, मैं वहाँ जाकर क्या करूँगा ?"

हितैषीजी ने मुस्कुराते हुए कहा, "वहाँ सुमित्रानन्दन पन्त तो हैं, तुम उनसे मिल लेना।"

मेरी सारी झुँझलाहट गायब हो गई। एक लम्बे अरसे से सुमित्रानन्दन पन्त से मैं नहीं मिला था, यह अवश्य सुन रखा था कि उन दिनों वह राजा कालाकांकर के छोटे भाई सुरेश सिंह के साथ कालाकांकर में रह रहे हैं। बीच में वह बहुत बीमार हो गए थे, मरते-मरते बचे। मैंने कुछ सोचकर कहा, "अच्छा, मैं तुम्हारे साथ चलता हूँ।"

कालाकांकर के ताल्लुकदार राजा अवधेशसिंह एक प्रतिभाशाली नवयुवक थे, राष्ट्रीय भावना से ओत-प्रोत। सन 1930 के राष्ट्रीय आन्दोलन में उन्होंने कांग्रेस की जी खोलकर सहायता की थी। अत्यन्त सात्विक प्रवृत्ति के आदमी थे वह, मांस-मदिरा के सेवन से मुक्त।

उन दिनों तक कवियों में यह परम्परा कायम थी कि वे राजाओं और सामन्तों के यहाँ जाकर कविता सुनाते थे और दान-दक्षिणा के रूप में कुछ धन प्राप्त कर लेते थे। यही उनकी आजीविका का माध्यम था। श्री जगदम्बा प्रसाद मिश्र 'हितैषी' शायद वही परम्परा निभा रहे थे। मैं तो श्री

सुमित्रानन्दन पन्त के साथ ठहरा, हितैषीजी राजा कालाकांकर के साथ उनके महल में ठहरे। दूसरे दिन सुबह मेरी भी राजा कालाकांकर से भेंट हुई, पन्तजी भी मेरे साथ थे। गंगा के किनारे उनका महल—गंगा के अन्दर तक उसका एक भाग पहुँचता हुआ, बड़ा सुन्दर दृश्य था वह। वहाँ मुझे अच्छा लगा। लेकिन मैंने स्पष्ट रूप से देख लिया कि राजा कालाकांकर को साहित्य एवं कविता से कोई लगाव नहीं था। वह तो कर्मठ व्यक्ति थे, आकंठ राजनीतिक संघर्षों में डूबे हुए। तीसरे दिन सुबह के समय हितैषीजी राजा कालाकांकर से विदाई की रकम वसूल करके इलाहाबाद लौटे, मैं भी उनके साथ था।

टिकट हितैषीजी ने खरीदे थे, दोनों ओर के, फिर टिकट था भी कितने का—कुल बारह आने का। कालाकांकर से लौटते हुए बीच में एक छोटा-सा स्टेशन पड़ा—भदरी। हितैषीजी मुझे अपने साथ घसीटते हुए भदरी में उतर पड़े। मैं चक्कर में कि यह भदरी कौन-सी जगह है यहाँ भला। हितैषीजी का क्या काम है ?

स्टेशन पर उतरकर हितैषीजी ने बताया, "भदरी के राजा साहेब बड़े साहित्य-प्रेमी हैं। राजा कालाकांकर के साथी हैं, उनसे मिलकर तुम्हारी तबीयत खुश हो जाएगी। आज यहाँ रुककर कल सुबह की गाड़ी से हम लोग इलाहाबाद लौटेंगे।"

आत्मसमर्पण के भाव से मैंने एक ठंडी साँस ली, "चलो अब तो तुम्हारे साथ मैं आ ही फँसा हूँ।"

राजा साहेब भदरी की कोठी स्टेशन से करीब दो फर्लांग की दूरी पर थी। स्टेशन पर ही एक आदमी मिल गया। उस पर अपना असबाब लादकर हम दोनों राजा साहेब भदरी की कोठी में पहुँचे।

एक ऊँचे से टीले पर हवेलीनुगा राजा साहेब भदरी का महल, टीले के नीचे एक विस्तृत हरा-भरा मैदान। बड़ा सुन्दर स्थान दिखा वह मुझे। राजा साहेब को खबर कराई गई और उन्होंने हम दोनों को अन्दर बुलाया।

करीब-करीब राजा कालाकांकर के ही उम्र का, गोरा-सा और लम्बा-सा सुडौल युवक मुख पर एक तरह की सात्विकता, वाणी में विनय और मिठास। उन्होंने उठकर हम दोनों का स्वागत किया। नौकर से बगलवाले एक कमरे में उन्होंने हम लोगों का असबाब रखवाया उसी कमरे में उनके मेहमान ठहरा करते थे। बड़े सौहार्द्र के साथ उन्होंने हितैषी जी से बातें कीं जैसे हितैषीजी के साथ उनका जनम-जनम का साथ था। हितैषीजी ने मेरा

परिचय उनके साथ कराया। हम लोग आराम से बैठकर बातें करने लगे।

राजा साहेब भदरी का नाम था राय बजरंग बहादुरसिंह। उस समय मुझे क्या पता था कि उस व्यक्ति की मेरे जीवन में एक अच्छी-खासी भूमिका रहेगी।

राय साहेब के दीवान कुमार शम्भूशरण सिंह भी आ गए थे। गोरे-से और सुन्दर युवक, राय साहेब भदरी से उम्र में शायद दो-चार साल बड़े। दोनों ही व्यक्ति मुझे बड़े अच्छे लगे। मेरे मन में हितैषीजी के प्रति जो झुँझलाहट थी वह गायब हो चुकी थी।

दोपहर के समय हम दोनों ने राय साहेब भदरी के साथ ही भोजन किया। मुझे लग रहा था जैसे मैं एकाएक किसी कल्पना के लोक में आ पहुँचा हूँ। भोजन की व्यवस्था बाहर के डाइनिंगरूम में ही थी। डाइनिंगटेबल के इर्द-गिर्द हम लोग बैठे—शायद पाँच-छः आदमी थे हम सब, और एक-एक बड़ा थाल हम सबों के सामने आया। मुझे जैसे अपनी आँखों पर विश्वास नहीं हो रहा था—हरेक थाल में करीब ग्यारह-बारह कटोरियाँ, दाल, सब्जियाँ, तीन-चार तरह के गोश्त। ढेरों चावल, करीब सोलह रोटियों की गड्डी। एक व्यक्ति जितना खा सकता है उसका सात-आठ गुना खाना। मैंने देखा कि हरेक आदमी के सामने ढेरों भोजन छूट गया है। उस समय मैंने कुछ नहीं कहा, बाद में मुझे हितैषीजी ने बताया कि इन राजाओं और ताल्लुकदारों के यहाँ यही परम्परा है। इन लोगों के सेवक यानी नौकर-चाकर इसी जूठन पर पलते हैं, और मैंने देख लिया था, कि जो जूठन बची थी उससे चार-पाँच परिवारों का पेट भर सकता है।

एक छोटा-सा गाँव, चालीस-पचास कच्चे घर और सात-आठ बँगले जिनमें अधिकांश खाली पड़े थे, कुछ में राज्य के ऊँचे कर्मचारी रहते थे। यही थी भदरी की कुल आबादी।

चिराग जलने के बाद राजा साहेब भदरी की बैठक आबाद हुई। कुमार शम्भूशरण सिंह, राजा साहेब के सावारकार और जिलेदार, राजा साहेब के छोटे भाई त्रिलोचन प्रसाद सिंह, जिन्हें सब लोग सँझले भइया कहते थे, गोरे से हँसमुख आदमी, अत्यन्त प्राणवान। और हम दोनों। हितैषीजी ने अपनी कविताएँ सुनानी आरम्भ कीं, हर तरफ से वाह-वाह की धूम। करीब आध घंटे तक हितैषीजी की कविताओं का पाठ हुआ। इसके बाद राय साहेब भदरी ने मेरी ओर देखा, ''आप भी अपनी कविताएँ सुनाइए।''

यह सत्य है कि उन दिनों कविता के क्षेत्र में मेरा स्थान काफी ऊँचा

था—छायावाद के निर्माताओं में मेरी गणना होने लगी थी। जहाँ तक कविता-पाठ का प्रश्न था, मैं हिन्दी-जगत में छाया हुआ था। मेरे कविता-पाठ से हितैषीजी का प्रभाव उखड़ न जाए, मैंने कहा, "कविता तो नहीं, अगर आप चाहें तो मैं अपने उस उपन्यास का कुछ भाग आप लोगों को सुना सकता हूँ जो मैं इन दिनों लिख रहा हूँ।"

यार लोगों को तो कुछ सुनने से मतलब था, चाहे वह कविता हो, चाहे वह उपन्यास हो। उन्होंने कहा, "हाँ-हाँ, वही सुनाइए।"

अधूरे लिखे हुए 'चित्रलेखा' के परिच्छेद मैं अपनी निधि की भाँति अपने साथ हमीरपुर से उज्जैन ले गया था, उसे आगे लिखने के लिए। वह पांडुलिपि मेरे सूटकेस में ही थी। जहाँ तक मुझे याद है, करीब आधा उपन्यास मैंने उस समय तक लिख लिया था। उठकर मैं अपने सूटकेस से 'चित्रलेखा' की पांडुलिपि निकाल लाया और मैंने अपना उपन्यास सुनाना आरम्भ कर दिया। करीब रात आठ बजे के समय मैंने उपन्यास सुनाना आरम्भ किया, और जब तक मैंने जितना लिखा था उतना सुना नहीं लिया तब तक उसे पढ़ते रहने का निरन्तर आग्रह होता रहा। और जब मैंने अपना उपन्यास पढ़ना समाप्त किया, मेरे चारों ओर कुछ क्षणों के लिए एक सन्नाटा-सा छा गया। ग्यारह बज गए—हम लोग भोजन करने बैठे।

और भोजन करते हुए राय साहेब भदरी ने मुझसे विस्तार में बातें कीं। उन्हें पता चला कि मैं हमीरपुर में वकालत कर रहा हूँ, लेकिन अभी तक मैं जम नहीं पाया हूँ।

उन्होंने कहा, "आप परतापगढ़ चले आइए और यहाँ वकालत कीजिए। परतापगढ़ में मेरी कोठी है उसमें आपके रहने की व्यवस्था होगी, भदरी राज के सब मुकदमे आपको मिलेंगे, डेढ़-सौ रुपए महीने की आमदनी निश्चित, उसके ऊपर बाहर का काम-काज। मेरा आग्रह आप अस्वीकार न करेंगे, वचन दीजिए।"

जैसे एक न्यामत आ गिरी हो आसमान से मेरे आगे। रहने को मकान मुफ्त, डेढ़-दो सौ रुपए की आय निश्चित और परतापगढ़ इलाहाबाद से कुल सैंतीस मील की दूरी पर! मैंने हामी भर ली।

बुरहानपुर के उस तान्त्रिक ज्योतिषी की बात सच निकली। सन 1931 के दिसम्बर महीने के अन्त में मैं सपरिवार हमीरपुर से परतापगढ़ आ गया। जीवन में एक नए परिच्छेद का प्रारम्भ।

3

मैं परतापगढ़ गया था जमने के लिए लेकिन वास्तविकता यह थी कि मैं परतापगढ़ गया था उखड़ने के लिए। कानपुर मेरी पैतृक भूमि थी, हमीरपुर मेरी माता की भूमि थी। जैसे मेरी जड़ें इन दो स्थानों में थीं और यह जड़ें छूट गईं।

करीब तीन-चार एकड़ भूमि के कम्पाउंड में राजा साहेब भदरी की कोठी—न बहुत छोटी, न बहुत बड़ी। उस कोठी के साथ एक छोटा-सा कॉटेज जिसमें दादाभाई, यानी श्री शम्भूशरण सिंह के चचेरे भाई लाल हरशरणसिंह सपरिवार रहते थे। एक तरफ सर्वेन्ट क्वार्टरनुमा एक मकान, काफी बड़ा, चार कमरे, बाथरूम, बड़ा-सा आँगन चहारदीवारी, लाल हरशरण सिंह ने मेरे रहने की व्यवस्था उसी मकान में कर दी, ऑफिस के रूप में मुख्य कोठी में एक कमरा भी उन्होंने दे दिया—राय साहेब भदरी की परतापगढ़ वाली कोठी की देखभाल वही करते थे।

लाल हरशरणसिंह बड़े दिलचस्प आदमी थे। स्वस्थ और सुडौल, उम्र में मुझसे साल-दो साल बड़े या छोटे रहे होंगे, ताल्लुकदारों के वंश के अभिजात्य के साथ-साथ बिगड़ी हुई आदतें, मुखर और हाजिरजवाब, वह

मुझे नापसन्द नहीं आए। वह परतापगढ़ डिस्ट्रिक्ट बोर्ड के सेक्रेटरी थे। बौद्धिकता और कला से कोसों दूर, हम दोनों की प्रकृति में और प्रवृत्तियों में जमीन-आसमान का अन्तर था। और इसलिए हम दोनों में टकराहट का कभी कोई प्रश्न ही नहीं उठा। अगर मैंने चाहा होता और सोचा होता तो परतापगढ़ में वकालत जमाने में मुझे लाल हरशरणसिंह से काफी सहायता मिली होती, लेकिन जैसे मेरे अन्दर वकालत जमाने की किसी तरह की प्रेरणा ही नहीं थीं। और मेरे इस उखड़ने में मुझे राय साहेब भदरी का भी अच्छा-खासा योगदान मिला।

भदरी राज्य के एक वकील पहले से ही मौजूद थे, एक प्रौढ़ और प्रतिष्ठित व्यक्ति, उनका नाम शायद श्री सईदुद्दीन था। राय साहेब भदरी पर वह किसी कदर हावी भी थे। तो भदरी राज्य के मुकदमे मुझे भला क्या मिलते ? हाँ राय साहेब भदरी सौ-सवा सौ रुपए हर महीने किसी-न-किसी बहाने मेरे पास भिजवा देते थे। मेरे पास न तो कानून की किताबें थीं और न मुझे कानून की किताबों को पढ़ने का शौक था। कचहरी राय साहेब भदरी के बँगले से करीब एक फर्लांग की दूरी पर थी, तो मैं एक तरह से रोज तफरीहन कचहरी चला जाया करता था। वकालत नहीं जम पा रही थी। मैं अपने मन को समझा देता था कि वकालत जमने में कुछ समय लगेगा। जैसे मैं हरेक हफ्ते दो-एक दिन के लिए परतापगढ़ से इलाहाबाद चला जाया करता था—उस साहित्यिक नगर से मेरे अन्दर वाले कलाकार को जैसे एक मोह हो गया था।

जैसे-तैसे चार-पाँच महीने बीत गए। परतापगढ़ में मैं न किसी का दोस्त बन सका, न मैं किसी को अपना दोस्त बना सका। एक अजीब तरह का अकेलापन अनुभव कर रहा था मैं। भदरी राज का काम-काज जैसा मैं कह चुका हूँ मुझे नहीं मिल रहा था। तो एक दिन मैंने राय साहेब भदरी को उनके वादे की याद दिलाई। बड़ी आत्मीयता के साथ उन्होंने मुझे उत्तर दिया, "वकील साहेब, आप ऐसे साहित्यकार के लिए यह झूठ, फरेब और तिकड़मों से भरा वकालत का पेशा नहीं है। आप एल.एल.बी. पास हैं। मैं चाहता हूँ कि आप मेरी इस्टेट के मैनेजर हो जाएँ। दादा भाई का काम हल्का हो जाएगा।"

कुमार शम्भूशरण सिंह को राय साहेब ही नहीं, उनके सब मिलने-जुलने वाले आदमी दादा भाई कहते थे। वह राजवंश के थे और राय साहेब भदरी के नजदीकी रिश्तेदार थे। एक ताल्लुक के वे उत्तराधिकारी थे लेकिन उनके

उत्तराधिकार को लेकर एक लम्बा मुकदमा चला था जिसमें प्रिवी कौंसिल से वह हार गए थे। बड़े कोमल और सुकुमार आदमी थे वह, अपने ताल्लुक से वंचित हो जाने के बाद उन्हें राय साहेब ने अपने यहाँ आश्रय दिया था। मैनेजर का पद तो उनका केवल औपचारिक था, वह परिवार के सम्मानित व्यक्ति की भाँति राय साहेब के यहाँ मौजूद थे। उन्होंने बड़ी आत्मीयता के साथ मुझसे कहा, ''वकील साहेब यह सब जिम्मेदारी मेरे वश की नहीं है।''

जीवन में फिर एक नया मोड़—परतापगढ़ से मुझे उखड़ना पड़ा। शायद मैं गलत कह रहा हूँ परतापगढ़ में मैं जमा ही कब था?

और अब मैं आता हूँ अपने सगे छोटे भाई पर।

आनन्दस्वरूप वर्मा—मुझसे करीब दो साल छोटा। मैं ठीक-ठीक नहीं कह सकता, लेकिन शायद मेरी महत्त्वाकांक्षाओं का शिकार उसे भी बनना पड़ रहा था। वह अधिक नहीं पढ़ सका—बी.एस-सी. में फेल होने के बाद फिर से पढ़ने का उसमें साहस नहीं था। परिवार की समस्त सुविधाएँ तो मुझपर व्यय हो चुकी थीं। और सी. टी. पास करके वह इलाहाबाद में ही एक स्कूल में अध्यापक हो गया था। उसका भी विवाह हो चुका था। तो मेरे बड़े चाचा का परिवार, मेरे छोटे भाई का परिवार, यह सब लोग एक घर में ही रहते थे। मेरी माता मेरे छोटे भाई के साथ ही थीं। मैं उमा और बच्चों को इन लोगों के साथ छोड़कर भदरी चला गया, भदरी इस्टेट के मैनेजर बनने की ट्रेनिंग लेने के लिए। भदरी में मेरे दिन बड़े मजे में कटने लगे। राय साहेब की अपनी एक निजी लाइब्रेरी थी, किस कदर बेतरतीब, लेकिन उसमें अनेक अच्छी पुस्तकें। मैंने अब अपना समय उन पुस्तकों को पढ़ने में लगाया। वहीं मैंने मोपासाँ की समस्त कहानियाँ पढ़ डाली थीं, और मैं उन कहानियों से प्रभावित भी हुआ था।

इस्टेट की मैनेजरशिप का न कोई काम मुझे समझाया गया, न मुझे उसके पास फटकने दिया गया। राय साहेब धीरे-धीरे राजनीति में अपने समर्थक बढ़ा रहे थे—सन 1932 का सत्याग्रह चल रहा था, महात्मा गाँधी के शिष्यों ने उन्हें इस आन्दोलन को उठा लेने के लिए विवश कर दिया था। महात्मा गाँधी यरवदा के जेल में थे, और कांग्रेस के अधिकांश कांग्रेस नेता जेल में बन्द कर दिए गए थे। पंडित मदनमोहन मालवीय उन दिनों डिक्टेटर थे।

आन्दोलन बेतरह शिथिल पड़ गया था। एक दिन राय साहेब भदरी ने मुझसे कहा, ''वकील साहब—रानी साहेब के साथ मुझे बम्बई जाना है।

आप भी हमारे साथ चलिए।" और मैं उन दोनों के साथ बम्बई के लिए रवाना हो गया। रानी साहेब अजयगढ़ के महाराज की पौत्री थीं—उनके पिता अजयगढ़ के युवराज थे। राय साहेब अपनी रानी साहेबा और मेरे साथ कार में अजयगढ़ के लिए रवाना हुए। कार्यक्रम था कि सतना से पन्ना, पन्ना से अजयगढ़ वहाँ से सतना वापस आकर ट्रेन से बम्बई के लिए रवानगी।

हम लोग शाम के समय अजयगढ़ पहुँच गए। विन्ध्या की पहाड़ियों से घिरा हुआ वह नगर—रास्ते में दर्शनीय और हरी-भरी पहाड़ियाँ और घाटियाँ। एक टीले पर रानी साहेब के पिता, यानी युवराज का निवास-स्थान था। बड़ी आवभगत हुई राय साहेब की। हम लोग बाहर खुले में बैठे थे—युवराज के एक चचेरे भाई भी वहीं मौजूद थे, उनकी शक्ल-सूरत और उनका नाम तो मुझे याद नहीं, लेकिन उनकी बातचीत से यह लग रहा था कि बन्दूक के निशाने के पक्के हैं। उनकी राइफल उनके पास ही थी। एकाएक वह बोले, "सामने जो आदमी चिलम पीता हुआ जा रहा है, मैं यहाँ से उसकी चिलम उड़ा सकता हूँ।" और यह कहकर उन्होंने अपनी राइफल उठा ली। लोग जब तक उन्हें रोकें—तब तक उन्होंने निशाना लेकर घोड़ा दबा दिया। और हमने देखा कि वह आदमी हक्का-बक्का-सा इधर-उधर देखकर बेतहाशा भागा, उसकी चिलम चूर-चूर हो गई थी।

मैं स्तब्ध रह गया—लेकिन मैं कुछ नहीं बोला । मैं जानता हूँ कि अगर उस निशाने से वह आदमी मर गया होता तो उसके घरवालों को कुछ रुपया देकर मामला शान्त कर दिया जाता। निरकुंश राजाओं की दृष्टि में प्रजा के प्राणों की कीमत ही क्या थी ?

नवम्बर का महीना था—हम लोग अब अन्दर आ गए। करीब आठ बजे एक तरह की हलचल-सी हुई, पता चला कि राजा हिज हाइनेस अजयगढ़ शिकार से वापस लौटे हैं और राय साहेब भदरी से मिलने आ रहे हैं। सब लोग उठकर खड़े हो गए। थोड़ी देर में एक व्यक्ति लम्बा-सा कुरता और घुटनों तक धोती पहने हाथ में राइफल लिए हुए उस कमरे में आया—सिर पर साफा, घनी मूँछें, अवस्था कोई साठ वर्ष की रही होगी, लेकिन बेहद चुस्त। और सब लोगों ने उसे अभिवादन किया। वही महाराज अजयगढ़ थे।

और अचानक मेरे सामने महाराज छतरपुर की शक्ल आ गई—कितनी समानता थी दोनों में, फिर भी कितना अन्तर ! तथाकथित नागरिक सभ्यता ने जैसे इन दोनों को छुआ तक नहीं था।

दूसरे दिन सुबह के समय हमलोग सतना वापस लौट पड़े बम्बई के लिए ट्रेन पकड़ने के लिए।

राय साहेब भदरी रानी साहेब के साथ फर्स्टक्लास में सवार हुए, मैं सेकंड क्लास में था। उन दिनों वाला सेकंड क्लास आज के फर्स्टक्लास के समान था, इंटर क्लास सेकंड क्लास के समान था। दूसरे दिन दोपहर के समय हम लोग बम्बई पहुँच गए।

बम्बई में हम लोगों का स्वागत करने के लिए कार आ गई थी। उस कार में बैठकर हम लोग मलाबार हिल्स की एक कोठी में पहुँचे जहाँ हम लोगों के ठहरने की व्यवस्था थी।

वह कोठी शायद सैलाना गुजरात के किसी राज्य की थी। अजयगढ़ के महाराज के वह लोग रिश्तेदार थे और सम्भवतः राय साहेब जो अजयगढ़ गए थे वह बम्बई में अपने ठहरने की व्यवस्था करने ही गए थे।

दो दिन बम्बई में रुककर हम लोग पूना के लिए रवाना हो गए—यरवदा जेल में महात्मा गाँधी से मिलने के लिए। महात्माजी से भेंट करने की व्यवस्था हो गई और सुबह के समय राय साहेब मुझे साथ लेकर यरवदा जेल पहुँचे। एक कुटीनुमा बैरक में महात्मा गाँधी अपने दो-तीन अनुयायियों के साथ थे। एक अंग्रेज जेलर या कोई अन्य अधिकारी हम लोगों के साथ था। राय साहेब ने महात्मा गाँधी से संकेत में यह पूछने का इशारा किया कि क्या आन्दोलन चलते रहना चाहिए या उसे बन्द कर दिया जाए, भार मुझ पर डाल दिया था। उस अंग्रेज अधिकारी के सामने राजनीति पर बातें हो नहीं सकतीं थीं, बड़ी मुश्किल में था मैं; बात-बात में मैंने महात्माजी से पूछा, "बापू ! यदि किसी कार्यक्रम में जनता की रुचि न रहे तो क्या उस कार्यक्रम को चलते रहना उचित होगा ?"

महात्माजी मेरी बात को सुनकर गम्भीर हो गए। कुछ देर तक वह सोचते रहे, फिर उनके मुख पर एक मुसकराहट आई। उन्होंने कहा, "उस कार्यक्रम को बन्द करना ही उचित होगा, उसमें संकोच करने की कोई आवश्यकता नहीं।"

मालवीयजी के प्रश्न का उत्तर मिल गया था। थोड़ी देर तक राय साहेब भदरी के साथ महात्माजी की बातें होती रहीं, मालवीयजी की कुशल-क्षेम पूछते रहे महात्माजी और फिर हम लोग विदा हुए।

इसी निमित्त मैंने बम्बई नगर के प्रथम बार दर्शन किए—मेरे अनुभवों में कुछ और वृद्धि हुई। उस समय मुझे क्या पता था कि भविष्य में बम्बई

नगर का मेरे जीवन पर बहुत अधिक योगदान होगा।

हम लोग भदरी लौट आए। जीने का क्रम फिर उसी तरह चलने लगा।

लेकिन अब मेरे मन में बेचैनी बढ़ती जा रही थी। मेरा जीवन तो अब राय साहेब भदरी के जीवन का भाग बनता जा रहा था, मेरा आहत अहं बुरी तरह छटपटा रहा था। भदरी आए करीब चार-पाँच महीने हो चुके थे, लेकिन एक आश्रित की भाँति मैं यहाँ पड़ा था। एक दिन शाम के समय मैंने राय साहेब से दृढ़ता के साथ बात की। ''राय साहेब ! आप कुछ वादा करके मुझे अपने साथ भदरी लाए थे। लेकिन मुझे अभी तक कोई काम-काज नहीं समझाया गया।''

राय साहेब ने अपनी स्वाभाविक मधुर मुसकान के साथ उत्तर दिया, ''वकील साहेब ! आप साहित्यकार हैं—काम-काज के चक्कर में आप मत पड़िए। आप बिना किसी अन्य काम में मन लगाए यहाँ आराम से रहिए और लिखिए। भदरी में मेरे जो सात-आठ बँगले खाली पड़े हैं, आप उनमें से किसी को चुन लीजिए और अपने परिवार को यहाँ ले आइए। रियासत से आपको दो सौ रुपया महीना पेंशन के रूप में मिलता रहेगा। आप निश्चिंत होकर साहित्य-सृजन में लग जाइए।''

मैं मानो आसमान से गिरा। तो मुझे राजा साहेब भदरी पालना चाहते हैं। एक भयानक ग्लानि भर गई मेरे अन्दर। यह बातचीत रात के समय हुई थी। रात के समय ही मैंने अपना निर्णय ले लिया और अपना सारा असबाब बटोर कर बाँध लिया। दूसरे दिन करीब नौ बजे इलाहाबाद के लिए ट्रेन मिलती थी। सुबह मैंने राय साहेब से कहा, ''राय साहेब ! आपकी कृपा और सहृदयता के लिए कोटिशः धन्यवाद ! लेकिन मैं पल भर नहीं रुक सकूँगा। दूसरे की कृपा पर जीवित रहना—इससे अधिक हीन काम नहीं दिखता है कोई। तो मैं अभी इसी सुबह की गाड़ी से इलाहाबाद जा रहा हूँ।''

राय साहेब चौंक उठे, ''अरे-अरे-वकील साहेब ! आप मेरी बात का बुरा मान गए। देखिए कालाकांकर में पन्तजी भी तो रह रहे हैं, साहित्यकारों और कलाकारों को हमेशा से राज्याश्रय मिलता आया है।''

मैंने मुसकराने की कोशिश की, ''वह ठीक है, लेकिन मैं उस तरह का साहित्यकार नहीं हूँ। और मैं आश्रय की तलाश में भी नहीं हूँ। भगवान ने मुझे हाथ-पैर दिए हैं, बुद्धि दी है, कर्म करने की शक्ति दी है। मुझे अपने ऊपर भरोसा है, और यह अपने ऊपर भरोसा मैं न छोड़ पाऊँगा।

राय साहेब ने अनुभव कर लिया कि वह मुझे न रोक पाएँगे। उन्होंने तत्काल पचास रुपए मुझे देते हुए कहा, ''वकील साहेब—इलाहाबाद जाकर आप अपना कुछ काम आरम्भ करें, रुपयों की चिन्ता मत कीजिएगा जितना भी रुपया हो, मैं लगाने को तैयार हूँ।'' और बड़ी सदभावना और सौहार्द्र के साथ उन्होंने मुझे भदरी से विदा किया।

4

मैं इलाहाबाद लौट आया, फिर से अपनी जिन्दगी आरम्भ करने के लिए।

इस समय तक मेरी लिखी हुई कविताओं का कोई संग्रह नहीं प्रकाशित हुआ था, यद्यपि कवि की हैसियत से मुझे अच्छी-खासी प्रसिद्धि मिल चुकी थी। प्रकाशकों का नितान्त अभाव था। लेकिन मैं अपनी कविताओं के संग्रह के प्रकाशन के लिए उत्सुक था। इलाहाबाद में श्री प्रफुल्लचन्द्र ओझा 'मुक्त' से मेरी मित्रता हो गई थी। मुक्तजी के पिता पंडित चन्द्रशेखर शास्त्री संस्कृत के परम विद्वान थे और आजीविका के लिए उन्होंने हिन्दी में पुस्तक-प्रकाशन का कार्य आरम्भ कर दिया था जिसमें मुक्तजी उनकी सहायता करते थे। मुक्तजी ने मुझे सुझाव दिया कि अपनी कविताओं का संग्रह मैं अपने व्यय से प्रकाशित करूँ—प्रकाशक का नाम उनके संस्थान का रहेगा—वही उस पुस्तक को बेचने की व्यवस्था करेगा। मैंने मुक्तजी का सुझाव स्वीकार कर लिया था—'मधुकण' नाम से मेरी कविताओं का प्रथम संग्रह प्रकाशित हो गया। इस प्रकाशन में जो रुपया लगा था वह मुझे भदरी के राय साहेब से ही मिला था, और पुस्तक मैंने राय साहेब भदरी को समर्पित की थी, उनके फोटो के साथ। मैंने अपना फोटो भी छपवाया था,

अपने फोटोग्राफ को छपाने का मोह मुझे भी था।

इलाहाबाद लौटकर मेरे सामने फिर प्रश्न उठ खड़ा हुआ—अब क्या किया जाए ? भदरी में रहते हुए मैंने राय साहेब की लाइब्रेरी में विदेशों में छपी लाइब्रेरी एडीशन की पुस्तकें देखी थीं और मेरे मन में यह बात भी उठी थी कि अगर हिन्दी में लाइब्रेरी एडीशन की पुस्तकें छापी जाएँ तो उनका अच्छा बाजार मिल सकता है।

इलाहाबाद लौटने के बाद मैंने लाइब्रेरी एडीशन हिन्दी के ग्रन्थों के प्रकाशन की समस्या पर गौर करना आरम्भ कर दिया। लक्ष्मी का निवास वैश्यों में है, और यह वैश्य जाति बड़ी धर्मपरायण होती है। देश भर में एक बड़ी संख्या में हिन्दी भाषी पूँजीपति फैले हुए हैं जो आसानी से लाइब्रेरी एडीशन में छपे हिन्दी के ग्रन्थों को खरीद सकते हैं, अगर ये धर्मग्रन्थ हों और मैंने एक लम्बी योजना बना डाली।

श्रीमद्भागवत के लाइब्रेरी एडीशन के प्रकाशन के साथ अठारहों पुराणों के हिन्दी अनुवादों को अठारह वाल्यूम्स की सीरीज़ में प्रकाशित करने का कार्यक्रम था, इमीटेशन आर्ट पेपर पर श्रेष्ठतम छपाई के साथ, अच्छी-से-अच्छी विलायती किताबों के मुकाबिले की कपड़े की जिल्द में। मैंने राय साहेब भदरी के सामने यह योजना रखी और उन्हें यह योजना पसन्द आई। पहले ग्रन्थ के प्रकाशन तथा संस्थान की स्थापना के लिए पाँच हजार का खर्च काफी था, फिर तो पुस्तकों की बिक्री के साथ काम बढ़ाया जा सकता था। उन्होंने रुपया लगाना स्वीकार कर लिया। और मैंने एक संस्था स्थापित कर दी—धर्म-साहित्य प्रकाशन मंडल—यही नाम सूझा था मुझे। काम आरम्भ कर दिया मैंने। श्रीमद्भागवत के हिन्दी में अनुवाद करने की जिम्मेदारी पंडित चन्द्रशेखर शास्त्री ने ले ली—करीब दो टन इमीटेशन आर्ट पेपर सीधे मिल से मँगा लिया मैंने। शास्त्रीजी अनुवाद करके देते जाएँ और साथ ही पुस्तक छपती जाए यह व्यवस्था कर दी थी। हिन्दी में उन दिनों जो सर्वश्रेष्ठ प्रेस था—यानी इलाहबाद लॉ जर्नल प्रेस, वहीं इस ग्रन्थ के छपने की व्यवस्था थी।

बड़ा उत्साह था मन में, बड़ी उमंग थी। इलाहाबाद का वह जीवन बड़ी हँसी-खुशी के साथ बीत रहा था। इलाहाबाद के प्रमुख युवा साहित्यकारों के रूप मेरी स्थापना थी। और उन्हीं दिनों पंडित जवाहरलाल नेहरू की सबसे छोटी बहन कृष्णा नेहरू के विवाह में सम्मिलित होने के लिए श्रीमती सरोजिनी नायडू इलाहाबाद आई थीं। वह आनन्द भवन में ही ठहरी

थीं। एक दिन पंडित कृष्णकान्त मालवीय सुबह के समय मेरे घर आए। आते ही वह बोले, "पाँच मिनट के अन्दर तैयार होकर तुम मेरे साथ आनन्द भवन चलो, मैं सरोजिनी नायडू को तुम्हारी कविताएँ सुनवाना चाहता हूँ।"

भारत कोकिला श्रीमती सरोजिनी नायडू के दर्शन करने का सौभाग्य उस समय तक मुझे नहीं हुआ था। और आनन्द भवन से करीब पाँच-छः फर्लांग की दूरी पर मेरा मकान होते हुए भी मैं कभी आनन्द भवन न गया था और न मैं कभी पंडित जवाहरलाल नेहरू से मिला था। कुछ ऐसा लगता है कि अपनी तरफ से किसी बड़े आदमी से मिलने की तथा उसका सामीप्य प्राप्त करने की मुझमें कभी प्रवृत्ति ही नहीं रही है। जो स्वतः मिल जाए उसे स्वीकार कर लो, अपनी ओर से दौड़-धूप करके प्राप्त करने का प्रयत्न मत करो। यह भावना मेरे अन्दर मेरे अनजाने ही हमेशा रही है। तो आनन्द भवन जाने का अवसर पंडित कृष्णकांत मालवीय के माध्यम से स्वतः मुझे प्राप्त हो रहा था, मैं तैयार होकर उनके साथ आनन्द भवन पहुँचा।

अनेक स्त्रियों और पुरुषों से घिरी श्रीमती सरोजिनी नायडू आनन्द भवन के ड्राइंग रूम में बैठी थीं—वहाँ उपस्थित लोगों में अधिकांश को मैं नहीं पहचानता था। सब लोगों ने पंडित कृष्णकांत मालवीय का स्वागत किया। पंडित कृष्णकांत मालवीय ने मेरा परिचय कराया, "मैं इन्हें अपने साथ लेता आया हूँ, इनका नाम है श्री भगवतीचरण वर्मा, यह हिन्दी के श्रेष्ठ कवि हैं, तो मैंने सोचा कि आपको इनकी कविता सुनवा दूँ।"

श्रीमती सरोजिनी नायडू ने मुझे गौर से देखा, फिर वह मुसकराती हुई बोलीं, "शक्ल से तो तुम कवि दिखते नहीं, तुम तो आधुनिक युग के टिप-टाप आदमी दिखते हो।"

मैं उन दिनों सूट पहनता था और मेरी गणना शानदार वस्त्र पहनने वालों में होती थी। मैंने कोई उत्तर नहीं दिया। फिर श्रीमती नायडू ने कहा, "अच्छा अब तुम अपनी कोई कविता सुनाओ।"

मैंने कौन-सी कविता सुनाई थी, मुझे इस समय याद नहीं, लेकिन मेरी कविता को सुनकर वहाँ सब लोग विभोर हो गए। मेरे काव्य-पाठ का ढंग ही कुछ ऐसा था। मैं कह चुका हूँ कि मैंने सुरीला गला पाया था, यही नहीं भावनात्मक ढंग से कहाँ स्वर का उतार-चढ़ाव होना चाहिए, किस शब्द पर कितना जोर दिया जाना चाहिए, यह सब भी मुझे मालूम था।

मैं जब कविता पढ़ रहा था तब शायद मेरे स्वर से आकृष्ट होकर

पंडित जवाहरलाल नेहरूजी जो बगलवाले कमरे में बैठे कुछ लिख-पढ़ रहे थे, ड्राइंगरूम में आ गए थे। श्रीमती नायडू ने मुझसे कोई दूसरी कविता सुनाने को कहा और मैंने दूसरी कविता भी सुनाई। इस बार पंडित जवाहरलाल नेहरू ने प्रशंसा की, "बड़ी अच्छी कविता है, सहज भाषा में, मेरी समझ में आसानी से आ गई। अगर थक न गए हो तो एक कविता और !"

मैंने तीसरी कविता सुनाई। जब वह समाप्त हो गई तब जवाहरलालजी ने अपनी घड़ी देखी, "अरे इतनी देर हो गई। मुझे कुछ जरूरी काम करने हैं। तुम बड़ी अच्छी कविता लिखते हो।" और इतना कहकर वह अपने कमरे में लौट गए।

श्रीमती सरोजिनी नायडू ने विस्तार के साथ मेरा परिचय प्राप्त किया, फिर वह बोलीं, "आज बहुत अरसे के बाद काव्य-रस में विभोर हुई हूँ, अब तो शुष्क राजनीति ही है जिन्दगी में।" और वह हँस पड़ीं, "जब कभी मौका मिले मुझसे मिल लिया करना।"

कितना गौरवान्वित अनुभव किया था मैंने अपने को उस दिन। चरम सुख की सीमा ! लेकिन भविष्य में मेरे लिए क्या है ? इसका मुझे पता कहाँ था ? नियति के हिलकोरे मुझे कहाँ-से-कहाँ बहा ले चलने पर तुले हुए हैं—यह किसे मालूम था ?

श्रीमद्‌भागवत के प्रथम अंशों का अनुवाद तो पंडित चन्द्रशेखर शास्त्री ने कर दिया और ग्रन्थ की छपाई का काम भी आरम्भ हो गया, लेकिन इसके बाद ही शास्त्रीजी ने जैसे पैर फैलाने आरम्भ किए। काफी रुपया मैंने उन्हें पेशगी दे दिया था, लेकिन लगातार रुपयों की माँग। रुपया तो मैं उन्हें दे सकता था लेकिन अनुवाद कार्य में तत्परता मैं नहीं उत्पन्न कर सकता था। और मुझे लगने लगा कि शास्त्रीजी से काम कराने में मैंने गलती कर दी है। अन्त में हारकर वह अनुवाद कार्य मैंने स्वयं अपने हाथ में ले लिया। मुझे संस्कृत आती नहीं थी, और अगर आती भी होती तो श्रीमद्‌भागवत का अनुवाद करना मेरे सामर्थ्य में नहीं था—हारकर जाल-बट्टे का सहारा लेना पड़ा मुझे। मैं पंडित रूपनारायण पांडे द्वारा श्रीमद्‌भागवत का अनुवाद खरीद लाया। आदि से अन्त तक मैं उसे पढ़ गया और मैंने तय किया कि पंडित चन्द्रशेखर शास्त्री की शैली में तथा अपनी भाषा में पांडेजी का अनुवाद इस तरह लिख डाला जाए कि किसी की पकड़ में न आ सके। तो मैं इस काम में जुट गया।

लेकिन मेरे अन्दर अपने ही प्रति एक तरह की ग्लानि हो रही थी।

मैं दुनिया को ही नहीं धोखा दे रहा हूँ, मैं स्वयं अपने को ही धोखा दे रहा हूँ। आदमी को भयानक विवशता की स्थिति में जबर्दस्ती जिसे हम पाप कहते हैं, उसका सहारा लेना पड़ता है—यह मैं अनुभव कर रहा था। लेकिन धर्म और अपधर्म के सिद्धान्तों को उभारकर मैं किसी तरह अपने मन को समझाए हुए था।

और तभी मानो धूमकेतु के रूप में एक व्यक्ति ने मेरे जीवन में प्रवेश किया। वह आया और उस मिथ्या आडम्बर को जिसे मैं अपने इर्द-गिर्द खड़ा कर रहा था, एकबारगी ढहाकर चला गया। आज जब उस पर सोचता हूँ तो मैं नियति को शत-शत धन्यवाद देता हूँ कि उसने मुझे बचा लिया। अजीब ढंग से नियति का विधान मेरे जीवन का क्रम निर्धारित करता रहा है।

राय साहेब भदरी ने इलाहाबाद के जार्ज टाउन में अपने लिए एक किराए का बँगला ले रखा था और वह अधिकतर इलाहाबाद में ही रहने लगे थे। आनन्द भवन में अपने कविता-पाठ के तीन-चार दिन बाद मैं शाम के समय राय साहेब से मिलने उनके बँगले पर पहुँचा। राय साहेब उस समय अकेले नहीं थे, उनके साथ अन्य मुसाहिबों के अलावा एक सज्जन और बैठे थे, नाटे-से, बड़े तीखे नाक-नक्श वाले। मुझे देखते ही राय साहेब ने कहा, ''आइए वकील साहब ! मैं तिवारीजी से आपका परिचय करा दूँ—पंडित वेंकटेश नारायण तिवारी—नाम तो सुना होगा !''

पंडित वेंकटेश नारायण तिवारी ! इस नाम से मैं भली-भाँति परिचित था। तिवारीजी कानपुर के पटकापुर मुहल्ले के रहने वाले थे जहाँ का मैं था—एक तरह की अपनेपन की भावना थी उनके प्रति मेरी, यद्यपि उसके पहले मुझे उनके दर्शन करने का सौभागय नहीं प्राप्त हुआ था। उनकी विद्वता की धाक थी, मैंने सुन रखा था कि वह सर्वेंट्स आफ इंडिया सोसाइटी के सदस्य थे और विदेश भी हो आए थे। उनके सम्पादन में ही लीडरप्रेस से 'भारत' नाम के दैनिक पत्र का प्रकाशन आरम्भ हुआ था, यद्यपि उन दिनों वह लीडरप्रेस से अलग हो गए थे। मैंने बड़े विनम्र भाव से उन्हें प्रणाम किया।

''और आपका परिचय ?'' पंडित वेंकटेश नारायण की कड़क भरी तीखी आवाज ! राय साहेब भदरी बोले—''यह हमारे वकील साहेब भगवतीचरण वर्मा हैं, हिन्दी के कवि और साहित्यकार।''

इस बार तिवारीजी के मुख पर एक मुसकान आई जो न जाने क्यों

मुझे अच्छी नहीं लगी। उन्होंने कहा, "तो तुम्हीं ने आनन्द भवन में सरोजिनी नायडू को अपनी कविता सुनाई थी जिसकी उन्होंने बेहद तारीफ की थी।

"जी हाँ, पंडित कृष्णकान्तजी मुझे ले गए थे वहाँ।"

"मालूम है। लेकिन सरोजिनी नायडू ने तुम्हारी कविता की तारीफ नहीं की थी—तुम जानते नहीं।" और उन्होंने सरोजिनी नायडू का नाम लेकर एक भद्दा-सा मजाक कर डाला।

मैं स्तब्ध-सा रह गया उनके उस मजाक से। मैंने उनकी जो प्रतिमा अपने अन्दर बनाई थी वह एकाएक खंडित हो गई, फिर कुछ सँभल कर मैंने उनके मजाक का मुँहतोड़ उत्तर दे डाला, "आपको धन्यवाद कि आपने अपने अनुभवों के बल पर मुझे आगाह कर दिया, आपके अनुभवों का लाभ मैं अवश्य उठाऊँगा।" मेरे इस उत्तर से राय साहेब और उनके दो-तीन साथी खिलखिलाकर हँस पड़े। एक खिसियाहट-सी आ गई तिवारीजी के चेहरे पर। उस समय फिर उनसे अधिक बात नहीं हुई।

इस घटना के तीन-चार दिन बाद एक दिन राय साहेब भदरी ने मुझसे कहा, "वकील साहेब ! पंडित वेंकटेश नारायण तिवारी इन दिनों खाली हैं। तो चाहता हूँ कि अपने प्रकाशन के काम में आप उन्हें भी सम्मिलित कर लें। मैं उनसे बातें कर चुका हूँ। आपकी सहायता हो जाएगी।"

मैंने कुछ हिचकिचाते हुए कहा, "उनसे बातें करने के पहले आप मुझसे तो बात कर लेते ! मैं कहता हूँ कि बिना तिवारीजी की सहायता के यह काम अच्छी तरह चल रहा है।"

"लेकिन तिवारीजी को सम्मिलित कर लेने में हर्ज क्या है ?" राय साहेब का स्वर गम्भीर हो गया था।

"हर्ज यह है कि मैं उनके साथ काम न कर सकूँगा। जिम्मेदारी मेरी है और मैं अकेले ही उसे निभाना चाहता हूँ।"

"जिम्मेदारी मेरी भी तो है।" राय साहेब के स्वर में कुछ दृढ़ता थी, "और मैं चाहता हूँ कि तिवारीजी इस काम में सम्मिलित हो जाएँ मेरी ओर से। मुझे उन पर विश्वास है और भरोसा है।"

मैंने थोड़ी देर तक गौर से राय साहेब के चेहरे को देखा—समझ में नहीं आ रहा था कि यह सब क्या हो रहा है, और फिर एकाएक मेरे मुख से निकल पड़ा, "राय साहेब ! इस काम में आपका अभी थोड़ा-सा ही रुपया लगा है—करीब दो-ढाई हजार, लेकिन मैंने अपना समस्त भविष्य और समय

इस काम में लगा दिया था। तो अब स्थिति यह है कि आप अपने इस थोड़े-से रुपए से हाथ धो लें और मैं अपनी योजना और अपने अब तक के परिश्रम से हाथ धो लूँ। यह काम यहीं बन्द हो जाए। मैं किसी अन्य व्यक्ति का हस्तक्षेप बर्दाश्त नहीं कर सकूँगा।''

राय साहेब का चेहरा भी तमतमा उठा, उन्होंने कहा, 'जैसी आपकी इच्छा, मुझे मंजूर है।

और उसी दिन इस 'धर्म-साहित्य मंडल' का अन्त हो गया।

बनना और बिगड़ना—जमना हो ही नहीं रहा था। मेरी पत्नी उमा का स्वास्थ्य गिरता जा रहा था। दो साल पहले मेरी तीसरी सन्तान भी हो चुकी थी पुत्र और उसका नाम रखा था मैंने विजय। अब चौथी सन्तान उसके गर्भ में आ चुकी थी। और मैं नितान्त बेसहारा हो गया था। मुझे कुछ न कुछ करना ही था, क्या करना है ? यह मेरी समझ में नहीं आ रहा था।

इन्हीं दिनों मेरे यहाँ इलाहाबाद विश्वविद्यालय में पढ़ने वाला एक विद्यार्थी आने लगा था गोरा-सा, दुबला और नाटा-सा एक सुकुमार युवक, नाम था नरेन्द्र शर्मा। मैंने अनुभव किया कि वह युवक प्रतिभाशाली कवि है। वह पन्तजी की शैली से प्रभावित था और साहित्य में अपना स्थान बनाना चाहता था। इलाहाबाद के साहित्य-क्षेत्र में उसकी स्थापना में मैं जो कुछ भी सहयोग दे सकता था मैंने दिया। नरेन्द्र शर्मा मुझसे अवस्था में प्रायः दस वर्ष छोटे थे, लेकिन उन्हें मैंने शिष्य के स्थान पर मित्र की हैसियत से स्वीकार किया। संघर्षों से बेतरह जूझने वाले व्यक्ति को किसी एक ऐसे व्यक्ति की आवश्यकता थी जिसके सामने वह खुल कर अपनी बात कह सके।

5

वह अपराजित आशावादिता। आज मुझे अपनी उस मनःस्थिति पर स्वयं आश्चर्य हो रहा है। घोर संकट को हँसते-हँसते बर्दाश्त कर लेना, और टूटने के स्थान पर फिर एक नए उत्साह के साथ संघर्षरत हो जाना। बड़ी प्रबल प्राणशक्ति होती है मनुष्य की युवावस्था में। चौथी सन्तान हो चुकी थी—वह भी पुत्र था। और हर तरफ से मेरी आय के स्रोत बन्द थे। नया कुआँ खोद कर फिर से पानी निकालो, पानी खारा निकला, पिया नहीं जाता, फिर से कुआँ खोदो। कुछ ऐसी ही दशा थी मेरी। और ऊपर से मैं बड़ा शान्त, बड़ा निश्चिंत। कहीं दयनीयता की भावना नहीं, किसी के आगे रोना-गिड़गिड़ाना नहीं !

उत्तर प्रदेश सरकार ने इलाहाबाद में हिन्दुस्तानी एकेडमी नाम की एक संस्था स्थापित की थी, और हिन्दुस्तानी एकेडमी से कई महत्त्वपूर्ण पुस्तकें प्रकाशित हुई थीं, लेकिन उन पुस्तकों की बिक्री की कोई व्यवस्था नहीं थी। मैंने एकेडमी के अधिकारियों से बात की, उनसे तय किया कि घूम-घूम कर कमीशन पर एकेडमी की पुस्तकों का आर्डर प्राप्त करूँ—मार्ग-व्यय स्वयं मैं दूँगा। मैंने आशा की थी कि मैं अच्छा-खासा आर्डर प्राप्त कर लूँगा—मुझे

इसके कटु अनुभव नहीं थे।

मैंने हिन्दुस्तानी एकेडमी से लिखा-पढ़ी की, इसके बाद उनकी पुस्तकों का एक सेट लेकर मैं मरीचिका में भटकने को निकल पड़ा अपने परिवार को इलाहाबाद में छोड़कर। मध्यप्रदेश और मालवा के अंचल जाने-पहचाने थे, तो उधर का ही रास्ता मैंने पकड़ा।

मैं कहाँ-कहाँ गया, मुझे अब याद नहीं, दुःस्वप्न की अवस्था में मैं था। काम करने का ढंग मुझे आता नहीं था। उन दिनों यात्रा में व्यय बहुत कम पड़ता था—बड़े आराम के साथ थर्ड क्लास का सफर किया जा सकता था। युवावस्था की प्राणशक्ति थी मेरे पास, कष्ट उठाने का जीवट था। एक सेट तो मैंने एक व्यक्ति के हाथ बेच दिया नकद रुपया लेकर और मन ही मन मैंने तय कर लिया कि यह काम अपने वश का नहीं है। मालवा से मैं मध्यप्रदेश गया। मेरे साले श्री हरप्रसाद वर्मा बीमार पड़े थे। उन्हें नर्वस ब्रेकडाउन हो गया था। पिछले पत्र से मुझे पता चला कि निराशाजनक अवस्था है उनकी। सोचा कि उन्हें देखता चलूँ। उन दिनों वह मध्यप्रदेश की खैरागढ़ रियासत के दीवान थे। मैं उनसे मिला, और फिर मैं इलाहाबाद वापस लौटा। मन कुछ अजीब तरह से बुझा-बुझा था।

मैं घर पहुँचा—एक विषाद का वातावरण व्याप्त था हर तरफ। मेरी पत्नी उमा मुझे देखते ही बेतरह फूट पड़ी। उसका नवजात शिशु मेरी अनुपस्थिति में चल बसा था। बड़ा भयानक सदमा लगा था मेरी पत्नी को।

एक दार्शनिक की भाँति मैं तो उस दुख को पी गया, लेकिन उमा जैसे उस दुख से एकबारगी ही टूट गई हो। वह बीमार पड़ गई। मैं जी-तोड़कर उसके इलाज में लग गया।

लेकिन सब-कुछ व्यर्थ। क्षयरोग से पीड़ित मेरी पत्नी, धीरे-धीरे हाड़-माँस का एक ढाँचा भर रह गई थी। जैसे उसमें जीवित रहने की कोई इच्छा ही न रह गई हो । और सन 1933 का वर्ष आ गया। जनवरी या फरवरी में मैंने अपना 'चित्रलेखा' उपन्यास पूरा कर दिया। उस उपन्यास को अपनी ओर से छपाने का तो कोई प्रश्न ही न उठता था—मेरे कविता-संग्रह 'मधुकण' के कटु अनुभव मेरे पास थे, एक पैसा भी तो मुझे वापस न मिला था। तभी किसी ने मुझे बताया कि इलाहाबाद में साहित्य भवन लिमिटेड नाम की एक विश्वसनीय प्रकाशन संस्था स्थापित हो चुकी है और श्री पुरुषोत्तमदास टंडन उसके डायरेक्टरों में हैं। तो मैंने तय किया कि वहीं से 'चित्रलेखा' का प्रकाशन कराया जाए। उसके मैनेजिंग डायरेक्टर थे प्रोफेसर ब्रजराज,

बड़े मीठे, बड़े उदार दिखने वाले। तो रॉयल्टी के आधार पर मैंने 'चित्रलेखा' साहित्य भवन लिमिटेड को दे दी। उस समय मेरे मन में न किसी तरह का उत्साह था, न उमंग थी। मौत से लड़ती हुई मेरी पत्नी उमा, और भयानक अर्थिक अभाव मुझे घेरे हुए। मुझे 'चित्रलेखा' से जो आशा करनी चाहिए थी वह भी तो मेरे मन में नहीं थी। जैसे-तैसे समय बीत रहा था और कर्ज लेकर मेरा काम चल रहा था। इलाहाबाद में मुझे कर्ज मिल सके, इसकी व्यवस्था एक सज्जन ने करा दी थी, उनका नाम था, श्यामसुन्दर श्रीवास्तव।

श्यामसुन्दर श्रीवास्तव ! यह नाम मेरे लिए चिर-स्मरणीय है। उम्र में मुझसे शायद पाँच-छः साल छोटे, उनसे मेरा परिचय लॉ जर्नल प्रेस में हुआ था, जहाँ वह एक छपाई विभाग में नौकरी करते थे। श्रीमद्‌भागवत के अनुवाद के छपने के समय मेरा उनसे परिचय हुआ था और बहुत जल्दी ही वह परिचय घनिष्ठता में बदल चुका था। श्री श्यामसुन्दर श्रीवास्तव ने ही मेरा सम्पर्क साहित्य भवन लिमिटेड से कराया था। एक सगे भाई की भाँति ही उन्होंने मेरे साथ हमेशा व्यवहार किया।

मैं बुरी तरह से हाथ-पैर पटक रहा था कि क्या करूँ। किस तरह आजीविका की व्यवस्था हो। और एक बार मैंने फिर सोचा कि कानपुर चलकर वकालत जमाऊँ। मुझे आज इस बात पर आश्चर्य हो रहा है कि मैंने इलाहाबाद में ही वकालत करने की बात क्यों नहीं सोची ! इलाहाबाद में हाईकोर्ट था, इलाहाबाद में मेरे आगे बढ़ने की सम्भावनाएँ थीं। इसका कारण शायद यह रहा हो कि मैं अपनी जड़ें कानपुर में समझता था।

मई या जून का महीना था, मैं एक बार फिर कानपुर गया, वहाँ वकालत शुरू करने की व्यवस्था करने। और दूसरे दिन ही मुझे तार मिला कि उमा की हालत एकाएक बहुत खराब हो गई है, मैं एकदम वापस लौटूँ। करीब दो या तीन बजे मुझे तार मिला था, और शाम की ट्रेन से मैं इलाहाबाद वापस लौटा।

मैं अपने कमरे में पहुँचा, मेरी पत्नी बेहोश पड़ी थी। मेरी माता ने जोर से कहा, "लो यह आ गए हैं।"

जैसे तत्काल उसकी बेहोशी टूट गई, आँख खोलकर वह मुझे एकटक देख रही थी, लेकिन उसके होंठों पर शब्द नहीं थे। मुझे लगा कि मौत उसे जकड़ती चली जा रही है।

यहाँ एक बात और बता दूँ। यह बात एक रहस्य की तरह मेरे जीवन

से आज तक चिपकी हुई है, यद्यपि मैं स्वयं इस बात को आज तक नहीं समझ सका हूँ। लेकिन यह मेरा भोगा हुआ यथार्थ है, और इस सम्बन्ध में मैं स्वयं कुछ चक्कर में हूँ। आधुनिक युग का नितान्त बौद्धिक प्राणी, एक तरह से अर्द्ध-नास्तिक होते हुए भी मैं अपने को समझा नहीं पाता कि यह सब क्या है और क्यों है ?

जैसा मैं पहले बतला चुका हूँ कि मेरे बाबा ने कानपुर में भद्रकाली का मन्दिर बनवाया था, और तब से मेरे परिवार में भद्रकाली की उपासना की परम्परा चली आई है। बड़े चाचा में तो पूजा-पाठ और आस्तिकता के प्रति उपेक्षा थी, मेरे पिता का देहान्त बहुत पहले हो चुका था। परिवार में केवल स्त्रियाँ ही काली की मानता (मन्नत) मानती थीं। लेकिन इधर कुछ वर्षों से मैं विपत्तियों में पिसते-पिसते काली की उपासना करने लगा था—मन-ही-मन। काली की पूजा का कोई विधिवत रूप तो था नहीं, मेरे सामने, लेकिन मेरे मन में काली के प्रति एक प्रबल आस्था जाग पड़ी थी।

हाँ, तो उमा मुझे कुछ देर तक अपलक देखती रही, फिर जैसे थक कर उसने अपनी आँखें बन्द कर लीं। और मैं उसी समय स्नान करके उसके सिरहाने बैठ गया। आवेश में आकर मैंने अपना अँगूठा चीर दिया, रक्त निकलने लगा। वह रक्त मैंने कालीजी को अर्पण किया, और उमा को प्राणदान देने के लिए मैं कालीजी का जप करने लगा। करीब एक घंटा मेरा जप चलता रहा, और तभी उमा चीख उठी, ''बन्द कर अपनी पूजा। अपना रक्त देकर इसे बचाने की कोशिश कर रहा है—यह नहीं बचेगी, इसका अन्त समय आ गया—बन्द कर अपनी पूजा।'' और उमा अपने दाँत किटकिटाकर भयानक क्रोध के आवेश में यह कह रही थी।

मैं चौंककर उठ खड़ा हुआ, जाप बन्द कर दिया मैंने। पता नहीं देवी स्वयं उमा पर आ गई थीं, या वह सन्निपात में यह सब कह रही थी। मैंने उठकर उसे हिलाया-डुलाया, वह फिर बेहोश हो गई थी। यह रात में करीब दो बजे की घटना है।

नींद का एक प्रबल झोंका मेरे ऊपर आ गया था, मैं दूसरे कमरे में जाकर सो गया। सुबह करीब सात बजे मेरी माता ने मुझे जगाया, ''उठो, बहू तुम्हें बुला रही है।''

मैं उमा के पास पहुँचा, तब वह पूरी तौर से होश में आ गई थी। उसने मुझसे कहा, ''तुम लौट आए—मन में अब बड़ी शान्ति है। जरा मुझे शीशा देना।''

मैंने आश्चर्य के साथ कहा, "शीशा किसलिए ?"

"ऐसे ही, जरा अपना मुख देखना चाहती हूँ।"

मैंने शीशा उसे दे दिया। थोड़ी देर तक वह शीशा देखती रही, फिर बड़े करुण स्वर में वह बोली, "नहीं, मेरा मुँह नहीं दिख रहा है मुझे। मेरा अन्त समय आ गया है।" और दर्पण उसने मुझे वापस दे दिया।

शायद किसी पुस्तक में उमा ने पढ़ा था कि मृत्यु के पहले दर्पण में मनुष्य को अपना प्रतिबिम्ब नहीं दिखता।

उसने मुझसे कहा, "बैठो, तुम्हें तो मैं देख रही हूँ।" और उसकी आँखों में आँसू आ गए। कुछ देर बाद वह बोली, "रंग-बिरंगे कपड़े पहने हुए कुछ लोग सामने खड़े हैं, मुझे ले जाने के लिए आए हैं।" अब उमा के मुख पर मुसकराहट थी।

मैं समझ गया कि उमा अब इस दुनिया से जा रही है। मैंने कहा, "बच्चों को बुलाऊँ ? उन्हें देखोगी ?"

"नहीं। तुम तो हो उन्हें सँभालने के लिए। मुझे तुम पर विश्वास है।" और उसने अपनी आँखें बन्द कर लीं।

हम लोगों ने उसे जमीन पर उतारा। अपनी जाँघ पर मैंने उसका सिर रख लिया, और उसी समय उसका सिर लुढ़क पड़ा। मेरी माता रो पड़ी, घर के सब लोग रो पड़े, और मैं चुपचाप उसके सिर को अपनी जाँघ से हटाकर उठ खड़ा हुआ। उसकी अन्त्येष्टि की व्यवस्था करनी थी मुझे।

उस समय मेरा मन हल्का था। असल यातना सही थी उमा ने पिछले कुछ वर्षों में, शायद यातना सहने के लिए ही उसका जन्म हुआ था। एक निश्छल और निष्कलंक आत्मा—वह शरीर के बन्धन से छूट गई। अच्छा ही हुआ, उसके कष्टों का अन्त हो गया। कुछ इसी तरह की भावना थी मेरे अन्दर।

तीन छोटे-छोटे बच्चे ! शकुन्तला, अभय और विजय—उन्हें पालना था। मरते समय वह कह गई थी कि उसे मेरे ऊपर विश्वास है। जाते समय उसने अपने बच्चों को देखा तक नहीं—समस्त मोह और ममता से मुक्ति पाकर वह गई, एकमात्र मेरे ऊपर अपने विश्वास के साथ। लेकिन उसके विश्वास की रक्षा मैं नहीं कर रहा था, उसके विश्वास की रक्षा कर रही थी मेरी माता। मेरे बच्चों का भार मेरी माता ने अपने ऊपर ले लिया, मुझे अपने पागलपन में संघर्षों से खुलकर खेलने के लिए मुक्त छोड़कर।

साहित्य का पागलपन, जवानी का पागलपन, और इन सबसे अधिक

उग्र अहं का पागलपन। इलाहाबाद के साहित्य के क्षेत्र में मैं जैसे छाता चला जा रहा था। रामकुमार वर्मा प्रयाग विश्वविद्यालय में हिन्दी विभाग के प्राध्यापक हो गए थे, छायावाद के उठते हुए कवियों में उनका नाम आ गया था। और रामकुमार वर्मा के अलावा एक और नया और सबल व्यक्तित्व उभर रहा था साहित्य-क्षेत्र में—महादेवी वर्मा का।

उन दिनों हिन्दी में महिला कवयित्रियों में दो नाम छाए हुए थे, सुभद्राकुमारी चौहान और महादेवी वर्मा। सुभद्राकुमारी चौहान जबलपुर की रहनेवाली थीं और उनकी राष्ट्रीय धारा की कविताएँ हिन्दी में प्रसिद्धि प्राप्त कर चुकी थीं, लेकिन महादेवी वर्मा विशुद्ध छायावाद और रहस्यवाद की धारा की प्रतीक थीं।

हम लोगों ने इलाहाबाद में साहित्य-समाज नाम की एक संस्था की स्थापना की थी, जिसमें प्रयाग में रहने वाले हिन्दी के उठते हुए साहित्यकार प्रायः प्रत्येक सप्ताह एकत्रित हुआ करते थे। रामकुमार, महादेवी और उन नामों के साथ जो दो चार नाम मुझे अब भी याद हैं वह हैं विक्रमादित्य सिंह 'विक्रम', ठाकुर श्री नाथसिंह, श्री ज्योतिप्रसाद मिश्र 'निर्मल'।

रामकुमार वर्मा—बड़ा सुरीला गला था उनका। बड़े शिष्ट भाषी, शिष्टाचार से भरपूर। उनकी वास्तविक भावना का पता लगा सकना प्रायः असम्भव था, उन्हें क्रोधित होते तो मैंने देखा ही नहीं।

और महादेवी वर्मा—हमेशा एक हँसी उनके मुख पर। वैसे बड़ी सुस्पष्ट, कड़ी-से-कड़ी बात वह हँसते हुए व्यंग्य में कह सकती थीं। उनकी कविताओं में कुछ नयापन था, भाषा में मिठास की वह धनी थीं। छायावाद स्कूल के अन्तर्गत जो रहस्यवाद के नाम से जाना जाता है उसका सूत्रपात उन्होंने ही किया था।

सन 1934 में 'चित्रलेखा' प्रकाशित हो गई। इस बीच मैंने एक नए उपन्यास पर हाथ लगा दिया था—'तीन वर्ष'। कविता केवल शौक की चीज है आजीविका की समस्या कविता से हल नहीं हो सकती। यह मैंने अनुभव कर लिया था। मैं आजीविका के लिए वकालत जमाने के लिए फिर से कानपुर जाना चाहता था, लेकिन उमा की मृत्यु के कारण नहीं जा सका। और अब इलाहाबाद के वातावरण ने मुझे बेतरह जकड़ लिया था।

एक दिन दास भाई यानी कुमार शम्भूशरण सिंह मुझसे मिलने आए। दुनिया के इने-गिने नेक आदमियों में मैं उनकी गणना कर सकता था। भदरी के राय साहेब के साथ मेरे सम्बन्ध पूरी तरह नहीं टूटे थे, इसका श्रेय

कुमार शम्भूशरण सिंह को ही था। कुमार शम्भूशरण सिंह को मेरी विपत्तियों का पता था, मेरी आर्थिक स्थिति वह अच्छी तरह जानते थे। उन्होंने मुझसे पूछा, ''वकील साहेब ! इस तरह कैसे काम चलेगा आपका ?''

कुमार शम्भूशरण सिंह के साथ मेरी आत्मीयता हो गई थी, मैंने करुण स्वर में कहा, ''कोई काम भी तो नहीं दिख रहा है मुझे।''

''काम मैं बाँट सकता हूँ अगर आप करना चाहें।'' वह बोले, ''सरदार नर्मदाप्रसाद सिंह ने आदर्श बीमा कम्पनी की स्थापना की है, उस बीमा कम्पनी में कर्मचारियों की उन्हें आवश्यकता है। तत्काल तो उन्हें उसका सेक्रेटरी चाहिए। आप वकील हैं, आप उस पद के सर्वथा योग्य हैं।''

सरदार नर्मदाप्रसाद सिंह को मैं जानता था। रीवाँ राज्य के एक सामन्त, यद्यपि उनका इलाका छोटा-सा था, लेकिन सरदार साहेब अत्यन्त कर्मठ और उग्र राष्ट्रीयतावादी व्यक्ति थे—कांग्रेस में उनका प्रभाव था। बालकृष्ण शर्मा के साथ दो-चार बार उनसे मिलना हुआ था। वह पंडित जवाहरलाल नेहरू के निकटस्थ लोगों में थे। बुन्देलखंड की एक रियासत के नागरिक होते हुए भी प्रान्त की कांग्रेस में उनका महत्त्वपूर्ण स्थान था, शायद राजा साहेब कालाकांकर और राय साहेब भदरी के समकक्ष या फिर उससे भी अधिक महत्त्वपूर्ण। राजा साहेब कालाकांकर और राय साहेब भदरी के तो राजसी ठाट-बाट भी थे, लेकिन सरदार नर्मदाप्रसाद सिंह इस राजसी ठाट-बाट से अलग दिखने वाले आदमी, सबों-से जी खोलकर मुक्तभाव से वह मिलते थे। मुझे वह आदमी बुरे नहीं लगे थे। मैंने कुछ सोच कर कहा, ''दादा भाई, सुझाव तो आपका मुझे बुरा नहीं दिखता। सरदार नर्मदाप्रसाद सिंह भले और नेक आदमी हैं। उनके साथ मेरी निभ जाएगी।''

दादा भाई मुसकराए। निभना या न निभाना, यह तो, भविष्य पर निर्भर है। अभी आपने लोगों की बाहरी शक्ल देखी है, अन्दर कौन कैसा है और क्या है, यह तो उसे निकट से जानने पर ही मालूम होता है। लेकिन इस समय आपको काम की जरूरत है। मैंने सरदार से आपके नाम का संकेत किया था तो उन्हें आपका नाम पसन्द आया था। आप उनसे मिल लीजिए, हो सके तो आज ही, आपको वह पोस्ट मिल जाएगी।

आँखों के आगे आशा की एक किरण आई, मैंने कहा, ''इस नए अनुभव के लिए मैं तैयार हूँ—आज ही मैं उनसे मिल लूँगा।''

और दादा भाई ने एक बार मुझे फिर आगाह किया, ''हम ठाकुरों में राजसी परम्परा होने के कारण बाहर और भीतर में बड़ा फर्क होता है। हम

लोगों से सम्पर्क स्थापित करने के लिए आपको भी अपने अन्दर और बाहर में एक अच्छा-खासा अन्तर रखना होगा। और दादा भाई चले गए।

मुझे ठीक-ठीक तारीख ही याद नहीं, सम्भवतः सन 1934 के अन्त की यह बात है। मेरा उपन्यास 'चित्रलेखा' प्रकाशित हो चुका था, लेकिन कहीं 'चित्रलेखा' का कोई जिक्र नहीं। किसी ने उस उपन्यास पर कोई ध्यान ही नहीं दिया। साहित्यकारों और आलोचकों ने उस उपन्यास को बात-बात में उड़ा दिया। शायद किसी ने उस उपन्यास को पढ़ने की जरूरत नहीं समझी। मुझे लोगों ने कवि के रूप में ही जाना था, मुझे उपन्यासकार की हैसियत से स्वीकार करने में उन्हें कुछ आपत्ति-सी थी और शायद इसमें मेरा भी कुछ दोष था।

मैंने 'चित्रलेखा' में भूमिका के तौर पर तीन-चार पंक्तियाँ लिख दी थीं, वह थीं, मेरी 'चित्रलेखा' में और अनातोले फ्रांस की 'थाया' में उतना ही अन्तर है जितना मुझमें और अनातोले फ्रांस में। 'चित्रलेखा' में मेरा व्यक्तित्व है, मेरा दर्शन है और मेरी आत्मा का संगीत है।

अगर मैंने भूमिका के तौर से ये पंक्तियाँ न लिखी होतीं तो कोई हर्ज नहीं था, लेकिन 'चित्रलेखा' लिखने की प्रेरणा मुझे अनातोले फ्रांस की 'थाया' पढ़कर मिली थी, और एक ईमानदार आदमी की हैसियत से मैंने भूमिका में अपनी प्रेरणा के मूलस्रोत को स्वीकार किया था।

मैं अपने उग्र अहं के साथ साहित्य में स्थापित हो रहा था। मैं अपने अहं को दूसरों पर आरोपित करने में भी नहीं हिचकता था, अपने नितान्त अनजाने, और स्वभावतः मेरे प्रति एक तरह का विरोध भी साहित्यकारों और आलोचकों में उभर रहा था। किसी भी व्यक्ति के आगे झुकना, दबना या उससे याचना करना मैंने अपने इस लम्बे जीवन में जाना ही नहीं—एक नियन्ता, एक अदृश्य शक्ति जिससे हम राब अनुप्राणित और अनुशासित हैं—अगर झुका या दबा जा सकता है तो उससे, यदि किसी से माँगा जा सकता है तो उससे। मनुष्य तो निमित्त मात्र है। तो 'चित्रलेखा' में मेरी उस भूमिका का गलत अर्थ निकालकर लोगों ने यह प्रचार करना आरम्भ कर दिया कि मेरी 'चित्रलेखा' अनातोले फ्रांस की 'थाया' का अनुवाद है। 'चित्रलेखा' के प्रकाशन के बाद कई वर्षों तक इसका प्रचार होता रहा। और तो और, मेरे उन दिनों अतिघनिष्ठ मित्र बनने वाले डॉक्टर रामकुमार वर्मा ने, जो उन दिनों इलाहाबाद विश्वविद्यालय में हिन्दी के प्राध्यापक हो गए थे, अपनी एक आलोचना-पुस्तक में यह लिख डाला था कि 'चित्रलेखा'

अनातोले फ्रांस की 'थाया' का अनुवाद है, पता नहीं उन्होंने मेरी 'चित्रलेखा' पढ़ी होगी या नहीं।

कहने का तात्पर्य केवल इतना है कि मैंने 'चित्रलेखा' की सफलता की जो आशा की थी वह उस समय मुझे नहीं मिली। लेकिन इसका दर्द मेरे अन्दर नहीं था, इसकी कुंठा मेरे अन्दर नहीं थी—मैं तो अपने अस्तित्व के संघर्षों से जूझ रहा था। 'चित्रलेखा' समाप्त करने के बाद ही मैंने अपना दूसरा उपन्यास लिखना आरम्भ कर दिया था—'तीन वर्ष।'

मैंने गीता नहीं पढ़ी थी, मैंने उस समय तक न नियतिवाद दर्शन के सम्बन्ध में कुछ पढ़ा या सुना था, न स्वयं अपनी ओर से उस पर कुछ सोचा था, लेकिन आज मुझे दिखता है कि मेरा समस्त जीवन इस नियतिवाद के दर्शन से अनुप्राणित और अनुशासित रहा है। परिणाम की चिन्ता मत कर—फल तेरे हाथ में नहीं है, तू अन्य कर्म करता चल। यही तो है गीता का सार। और यह अपना कर्म—यह भी तो अपनी आन्तरिक प्रवृत्तियों का तथा बहिर्परिस्थितियों का योग है। तो मेरे अनजाने ही यह नियतिवाद का दर्शन 'चित्रलेखा' में उतर आया था, विशुद्ध भावनात्मक रूप में। और मेरे अनजाने ही विशुद्ध भावनात्मक रूप से मेरा जीवन भी इस नियतिवाद के दर्शन से अनुशासित था। 'चित्रलेखा' में मुझे उस समय सफलता नहीं मिली थी, मैंने इस बात पर ध्यान ही नहीं दिया था, 'तीन वर्ष' उपन्यास भी उस समय करीब-करीब पूरा हो चुका था।

तो दादा भाई की सलाह के अनुसार मैं उसी दिन शाम के समय सरदार नर्मदाप्रसाद सिंह के निवास स्थान पर पहुँचा। बड़े स्नेह के साथ उन्होंने मेरा स्वागत किया। उनसे बातें हुईं। आदर्श बीमा कम्पनी की रजिस्ट्री हो चुकी थी, उन दिनों उस कम्पनी के शेयर बिक रहे थे। मितव्ययिता के साथ कम्पनी का काम चलाया जा रहा था। लेकिन कम्पनी लॉ के कानून के अनुसार उन्हें एक सेक्रेटरी की आवश्यकता थी। कम्पनी की पूर्णरूप से स्थापना के बाद मुझे पूरा वेतन मिलेगा। उस समय तक मुझे भी कुछ अपने हितों का बलिदान करना था। तो जेबखर्च के रूप में साठ या अस्सी रुपया महीना मुझे मिलेगा—शायद साठ रुपया महीना। इस समय मुझे याद नहीं है। वैसे मैं आदर्श बीमा कम्पनी का प्रमुख कार्यकर्त्ता रहूँगा।

बड़ी मीठी बातचीत, बड़ी सुनहरी आशा ! साथ ही अभाव की भयानक स्थिति। मैंने वह नौकरी स्वीकार कर ली और कोई चारा भी नहीं था।

वहाँ वास्तव में मेरे लिए कोई काम नहीं था। शेयर बहुत धीरे-धीरे बिक रहे थे। ये शेयर राजाओं और ताल्लुकेदारों को बेचे जा रहे थे और इन राजाओं तथा ताल्लुकेदारों में व्यवसाय के प्रति न कोई रुचि थी न उन्हें कोई आकर्षण था। इन लोगों की आमदनी निश्चित थी। इनकी आदतें बिगड़ी हुई थीं, इनके खर्च बेहिसाब थे। अधिकांश कर्ज में डूबे हुए लोग। केवल सरदार नर्मदाप्रसाद को अनुग्रहीत करने के लिए ये राजा-ताल्लुकेदार शेयर खरीद लेते थे।

आदर्श बीमा कम्पनी का आफिस सरदार नर्मदाप्रसाद सिंह के घर में ही था। अलग से एक छोटा कमरा एक मेज और दो-चार कुर्सियाँ। कम्पनी के कागज-पत्र तो सरदार नर्मदाप्रसाद सिंह के कब्जे में थे, मुझे तो यह भी नहीं पता था कि कितने शेयर अभी तक बिके हैं, जो शेयर बिके हैं उनका रुपया कहाँ है। हाँ वह रईस और ताल्लुकेदार जो सरदार साहेब से मिलने आते थे, मुझे उनका स्वागत करना पड़ता था। और हिन्दी के एक उठते हुए साहित्यकार द्वारा स्वागत होने से उनमें से अधिकांश को आन्तरिक सन्तोष भी होता था। इस तरह कई ताल्लुकेदारों से मेरा परिचय भी हो गया था, यद्यपि उन सबों के नाम और चेहरे तक मैं भूल चुका हूँ। रास्ता चलते अनगिनत लोगों से मुलाकातें होती रहती हैं, लेकिन किस-किस को याद रखा जा सकता है ?

विधुर जीवन बिता सकना मेरे लिए असम्भव था।

कायस्थों में लड़कियों की कमी नहीं थी, रोज ही विवाह के प्रस्ताव आते थे। और मेरी माता का आग्रह बढ़ता जा रहा था कि मैं विवाह अब कर ही डालूँ।

सन 1934 के आरम्भ में ही मैंने अपना दूसरा विवाह कर लिया था, एक साधारण परिवार की सीधी-सादी लड़की—उसका नाम था गिरिजा। विवाह में कोई उत्सव नहीं, मन में कोई उल्लास नहीं—सवाल तो घर आबादी का था। अपने साहित्यिक मित्रों तक को मैंने अपने विवाह में आमन्त्रित नहीं किया था।

हाँ, तो मैं बात कह रहा था आदर्श बीमा कम्पनी की। दादा भाई ने मुझे गलत संकेत नहीं किया था। मैं सरदार नर्मदाप्रसाद सिंह से मैत्री और बराबरी के व्यवहार की अपेक्षा करता था। और सरदार नर्मदाप्रसाद सिंह मुझे अपना नौकर समझते थे। आदर्श बीमा कम्पनी की स्थापना दूसरों के रुपयों के बल पर हो रही थी। जो शेयर होल्डर आते थे वह मुझे बराबरी का

आदमी समझते थे। कोई-कोई तो बड़े आदर के साथ मुझसे मिलते-जुलते थे। सम्भवतः यह सब सरदार को अच्छा नहीं लगता था। अकारण मेरा अपमान कर देना, मुझसे रूखे ढंग से बात करना—उनके इस व्यवहार से मुझे स्वाभाविक रूप से बुरा लगता था। लेकिन दादा भाई ने मुझे जो सलाह दी थी मैं उसका पालन करता जा रहा था। करीब तीन-चार महीने यह क्रम चलता रहा।

लेकिन मेरे मन में यह धारणा जोर पकड़ती जा रही थी कि मैं गलत जगह पर आ गया हूँ। उस वातावरण में मेरा दम घुट रहा था। ऊपर से चाहे जो कुछ भी दिखता हो, भीतर-भीतर सब-कुछ खोखला है, शायद मैं अपने अनजाने ही किसी कुचक्र में भाग ले रहा हूँ। और एक दिन अपने स्वभावानुसार जब सरदार नर्मदाप्रसाद सिंह ने अपमान-जनक ढंग से मुझे झिड़का, मैं उठ खड़ा हुआ। मैंने तत्काल अपना त्यागपत्र उनके सामने रख दिया और जब तक वह उसे पढ़ते, मैं अपने घर चला आया। सरदार नर्मदाप्रसाद सिंह ने इसकी आशा नहीं की थी। मेरे कुछ मित्रों द्वारा उन्होंने सन्देशा भेजा कि मैं सब बातें भूल जाऊँ और अपने काम पर वापस आ जाऊँ, लेकिन मैं तो अपना निर्णय ले चुका था। वहाँ वापस लौटना—असम्भव है, हमें तो लगातार आगे बढ़ते रहना है।

फिर अनिश्चय और संघर्ष का जीवन ! जिम्मेदारियाँ बढ़ती जा रही थीं। सन 1935 का वर्ष, अजीब निराशाजनक परिस्थितियाँ लिए हुए। लेकिन उन परिस्थितियों को भोगना था, उनमें जीवित रहना था। मेरा 'तीन वर्ष' उपन्यास पूरा हो गया था। तो मैंने सोचा कि अपना निजी प्रकाशन कार्य आरम्भ करूँ इस उपन्यास के साथ। इस काम में श्यामसुन्दर श्रीवास्तव ने मेरी बड़ी सहायता की। कागज उधार, छपाई—और प्रकाशन कार्य आरम्भ हो गया। एक उपन्यास मेरा था, एक उपन्यास एक नए लेखक का था, जिनका नाम मुझे इस समय याद नहीं आ रहा।

[नोट : भगवती बाबू अपनी यह आत्मकथा अपनी अवस्था एवं लम्बी बीमारी के कारण इसके आगे नहीं लिख पाए, पर उनका एक आत्मकथ्य लेख 'ददुआ हम पै विपदा तीन,' जिसको उन्होंने सन 1981 में अपनी मृत्यु के कुछ दिनों पहले लिखा था, उसको तीसरे खंड के रूप में देकर उनकी यह आत्मकथा किसी हद तक पूरी की जा रही है।]

तीसरा खंड

दद्दुआ, हम पै विपदा तीन

1

एक तो बड़ेन-बड़ेन माँ नाम

घाघ कवि कह गए हैं—

एक तो बड़ेन-बड़ेन माँ नाम,
दूजे बसे डगर माँ गाम,
ता पै भए वित्त से हीन,
ददुआ, हम पै विपदा तीन।

तो यही तीन विपत्तियाँ हम पर हावी हैं, हमें यह कहते हुए भी संकोच नहीं होता।

हमारा नाम बड़े-बड़ों में हो गया है। क्यों हो गया, कैसे हो गया ? यह तो हमारी समझ में नहीं आ रहा है, लेकिन हो अवश्य गया है। कदम-कदम पर हम इसका अनुभव करते हैं। हुआ यह कि सन् 1932-33 में जब हमारी उम्र मुबलिग 29-30 वर्ष की रही होगी, हमने एक किताब लिख डाली 'चित्रलेखा'। यह लिखने-पढ़ने की प्रवृत्ति हमें बचपन से ही मिली है, यानी सन् 1917 में जब हमारी उम्र 14 वर्ष की थी, हमारी एक

कविता कानपुर के प्रसिद्ध साप्ताहिक पत्र 'प्रताप' में प्रकाशित हो गई।

खेलने-कूदने की प्रवृत्ति तो प्रायः हरेक बालक में होती है और हममें भी थी। जब हमारी उम्र पाँच वर्ष की थी, तो पिताश्री हमें अपना अभिभावक बनाकर स्वर्गलोक चले गए। हमारे ताऊ श्री कालीचरणजी औला-मौला आदमी थे। घर का काम-काज घर की देवियों पर लादकर वे बड़ी बेरहमी के साथ मौज-मस्ती की जिन्दगी बिता रहे थे। घर को सँभालने की जिम्मेदारी हमारी ताई और हमारी माता ने हम पर लाद दी थी—अनाज खरीदो, सब्जी लाओ और हम छः-सात साल की उम्र से ही यह सब काम करने लगे थे।

हमें याद आ रहा है कि निपट बचपन में ही गुल्ली-डंडा खेलने हम निकल पड़ते थे—स्कूल से भागकर। घर की औरतें हमसे और हमारी आदतों से परेशान, यानी हम खुद अपनी आदतों से परेशान, लेकिन इस खेल-कूद की आदत के साथ हमें मिली थी तुकबन्दी की आदत और साथ ही सुरीला कंठ।

हम नियतिवादी हैं, यानी हमारा कुछ ऐसा अनुभव है कि हम कुछ नहीं करते, जो कुछ होता है वह स्वतः हो जाया करता है। हमारे जीवन में हमेशा से यह घटित होता रहा है। हम कवि और साहित्यकार जो बन गए, इसकी कहानी भी बड़ी ऊटपटाँग है। हम जब सातवीं कक्षा में पढ़ते थे, हम वार्षिक परीक्षा में हिन्दी में फेल हो गए। चूँकि और विषयों में नम्बर अच्छे मिले थे इसलिए हम दर्जा तो चढ़ा लिए गए, लेकिन जिसे हम 'प्रमोशन' कहते हैं, उसका कलंक हम पर लग गया। बात यह है कि हमारी कुल-परम्परा कायस्थ होने के नाते उर्दू की थी, पर हमारे एक ताऊ के प्रभाव से हमारे दूसरे ताऊ ने हिन्दी स्कूल में हमें हिन्दी दिला दी थी। तो हमारे हिन्दी-अध्यापक ने हमें तलब किया।

हमारे हिन्दी के अध्यापक थे। श्री जगमोहन 'विकसित', जो हिन्दी के कवि भी थे। उन्होंने हमें बुलाकर समझाया-बुझाया—कुछ इस सजा में कि "शर्म करो, तुम अपनी ही मातृभाषा में फेल हो गए।" रुआँसे स्वर में हमने जब उनसे पूछा कि अपनी हिन्दी हम किस तरह सँभालें, तो उन्होंने कहा, " 'सरस्वती' नाम की पत्रिका पढ़ा करो और 'भारत-भारती' नाम की पुस्तक पढ़ डालो।" यह 'भारत-भारती' पुस्तक उन्हीं दिनों श्री मैथिलीशरण गुप्त ने लिखी थी। तो हम 'भारत-भारती' पुस्तक खरीद लाए और हमने उसे पढ़ना आरम्भ कर दिया।

स्वर और ताल का ज्ञान तो हमें नहीं था, लेकिन हममें उसका एक तरह का बोध अवश्य था। बरसात के दिन अपने घर के एक बरामदे में बैठकर हमने सस्वर गा-गाकर 'भारत-भारती' पढ़नी आरम्भ की । देश-भक्ति की भावना हर तरफ व्याप रही थी। तभी एकाएक एक छोटी-सी कॉपी में हमने भी कवितानुमा कुछ लिख डाला।

दूसरे दिन सुबह हम स्कूल में अपने अध्यापक श्री जगमोहन 'विकसित' के सामने उपस्थित हुए और वह कवितानुमा 'कुछ' हमने उन्हें पढ़ने को दिया। उसे वे तुरन्त पढ़ गए—छः-सात पंक्तियाँ तो थीं ही, और फिर उन्होंने हमें एक बार गौर से देखा। थोड़ी देर तक वे हमें देखते रहे। फिर उन्होंने हमें बताया कि छन्द क्या होता है, जो हमारी उन पंक्तियों में निहित था और मात्राएँ भी थीं, जिनकी चूल बिठलाने में कुछ खींच-तान करनी पड़ रही थी। इस तरह मात्राओं को गिनना हमने सीख लिया। तो हम कवि बन गए। लगे हाथों हम यह भी कह दें कि सन् 1932-33 में, यानी 29-30 वर्ष की अवस्था में ही हम कविता से अलग होकर उपन्यासकार और कहानीकार बन गए।

जीवन के संघर्षों से जूझते हुए और आजीविका के चक्कर में दर-दर की ठोकरें खाते हुए हम भटक रहे थे। कानपुर, भद्री, प्रतापगढ़, इलाहाबाद, कलकत्ता—कहाँ-कहाँ नहीं भटकना पड़ा हमें दो-तीन साल तक, लेकिन पुस्तक लिखने का सृजनात्मक कार्य चलता रहा। इस बीच हमने अपना मुख्य आवास-स्थान इलाहाबाद बना लिया था। 'चित्रलेखा' पूरी करके हमने वहाँ के साहित्य-भवन लिमिटेड से वह पुस्तक प्रकाशित करा दी। इस स्थान पर एक बात बतला देना और उचित होगा कि साहित्य-भवन एक मिशनरी संस्था थी, जिसके डायरेक्टर थे स्वर्गीय पुरुषोत्तमदास टंडन।

'चित्रलेखा' की साहित्यिक चर्चा इधर-उधर छपी, लोगों ने उसका स्वागत भी किया। लेकिन किताब हमने रॉयल्टी पर दी थी, सो साहित्य-भवन से मिलने के स्थान पर कुछ भी नहीं मिला।

सन 1937 के आसपास हमने साहित्य-भवन से हिसाब माँगा, टका-सा जवाब कि पुस्तक बिकी ही नहीं, हिसाब-किताब कैसा ?

हमने साहित्य-भवनवालों से कहा, " 'चित्रलेखा' छापने का अधिकार हम वापस चाहते हैं।" उत्तर मिला पुस्तक की शेष प्रतियाँ बिकने पर ही यह अधिकार हमें वापस मिल सकेगा।

इस बीच लीडर प्रेस से हमारे दो कहानी संग्रह प्रकाशित होकर बिक

चुके थे और उनके नवीन संस्करण भी हो चुके थे। श्री वाचस्पति पाठक लीडर प्रेस की प्रकाशन संस्था सँभाल रहे थे। उन्होंने हमसे कहा कि 'चित्रलेखा' साहित्य-भवन से लेकर उन्हें दे दें। आखिर टंडनजी के हस्तक्षेप के बाद 'चित्रलेखा' की पाँच सौ अनबिकी प्रतियाँ हमें मिलीं। लीडर प्रेस ने वह रुपया साहित्य-भवन को चुका दिया और छः महीने के अन्दर ही वे प्रतियाँ बेचकर एक हजार प्रतियों का नया संस्करण छापकर प्रकाशित किया, जो एक साल के अन्दर ही बिक गया। 'चित्रलेखा' चल निकली थी।

मैं आज अनुभव कर रहा हूँ कि 'चित्रलेखा' की सफलता के लिए तीन तत्त्व महत्त्व के थे–

(1) 'चित्रलेखा' की कवित्वमय, लेकिन साफ-सुथरी भाषा और शैली।

(2) मेरे अन्दर सफल उपन्यासकार और कहानी-लेखक के तत्त्व।

(3) मेरे अन्दरवाला नियतिवाद का दर्शन, जो एक नए सुथरे ढंग से आगे आया। 'चित्रलेखा' के प्रकाशन के बाद मुझमें एक धारणा आ गई कि मैं बड़े कलाकारों की पंक्ति में आ गया हूँ। यह धारणा क्यों आई, मैं कह नहीं सकता, लेकिन धारणा आ अवश्य गई थी। इसके उदाहरणस्वरूप एक घटना का उल्लेख करना मैं भूल नहीं सकता।

दूसरा विश्वयुद्ध चल रहा था। हम कलकत्ता पहुँचकर अपना 'विचार' नामक पत्र निकाल रहे थे। तभी कलकत्ता की बमबारी में अपना सब-कुछ गँवा कर फिर से अपनी स्थापना करने की बात हमारे सामने आई। 'विचार' के कारण ही हमारे सम्पर्क में एक बड़ा प्यारा आदमी आया। नाम था उसका गुलाब प्रसन्न शाखाल। एक उठता हुआ नवयुवक, उम्र में हमसे करीब आठ-दस साल छोटा। वह कलकत्ता में मारवाड़ियों की एक साप्ताहिक पत्रिका का सम्पादन कर रहा था। हिन्दी में सम्पादक का पेशा उन दिनों बड़ा घटिया किस्म का होता था। तो शाखाल सम्पादक के पेशे को छोड़कर फिल्म लाइन में जाने की कोशिश कर रहा था। बम्बई में पोद्दारों की एक बड़ी फर्म थी, करोड़पतियों में उसकी गिनती होती थी। किसी तरह जुगत भिड़ाकर शाखाल पोद्दारों की उस फर्म में उनके प्रचार-विभाग में नौकरी पाकर कलकत्ता से बम्बई चला गया। कलकत्ता में मुझे उसका एक पत्र मिला कि बाम्बे-टॉकीज में संवाद-लेखक व कहानी-लेखक की एक जगह खाली है, मैं उसके लिए कोशिश करके देख लूँ। उसके लिए उसने बाम्बे-टॉकीजवालों से मेरे सम्बन्ध में बात कर ली है।

हम 'विचार' निकाल तो रहे थे, लेकिन किसी के सामने हाथ फैलाना और झुकना तथा दबना हमें आता ही नहीं था—मानो हम अपने सिर पर पहाड़ ढो रहे थे। हमने सोचा कि बाम्बे-टॉकीज में अपनी कोई कहानी बेचकर कुछ रुपया पैदा कर लिया जाए और इस पत्रकारिता से किसी तरह जूझा जाए। बम्बई आने-जाने का किराया बाम्बे-टॉकीजवालों ने देना तय कर लिया था। तो एक दिन हम कलकत्ता से बम्बई के लिए रवाना हो गए। यह बात 1942 के जनवरी मास की है।

तो इधर हम बम्बई पहुँचे और उधर कलकत्ता में बमबारी हुई। कलकत्ता में भगदड़ मच गई। हमारे एक घनिष्ठ मित्र बननेवाले सज्जन उस बमबारी में 'विचार' और उसकी सारी सम्पत्ति बेच-बाचकर गायब हो गए। उधर हम बाम्बे टॉकीज के तत्कालीन मैनेजर और स्वामियों में से एक रायबहादुर चुन्नी लाल के सामने उपस्थित किए गए।

हमारी हालत दीवालियेपन की हो गई थी, कलकत्ता हमें हर हालत में छोड़ना पड़ रहा था। रायबहादुर चुन्नी लाल निहायत घिसे हुए आदमी थे, हमसे अकड़कर बोले, "बाम्बे टॉकीज में आने के बाद तुम प्रसिद्धि के शिखर पर पहुँच जाओगे, तुम्हें यह लाभ होगा, वह लाभ होगा...।"

हमारी एक बड़ी कमजोरी है—हमें गर्व की सीमा छूनेवाला आत्मसम्मान मिला है, मानो हम स्वभाव से निहायत ऐंठू आदमी हो गए हैं। रायबहादुर साहब ने हमें साढ़े तीन सौ देने का प्रस्ताव रखा, जो कि उस काम के लिए न्यूनतम वेतन था। हमने उनसे कहा, "आपकी एक फिल्म का जीवन कितना है ?"

"दो साल, तीन साल—लेकिन इससे क्या ! और भी तो लिखना होगा। वहीं तो सब-कुछ खत्म नहीं हो जाता।"

हमने कहा, "आपकी एक फिल्म का अधिकतम जीवन अगर पाँच वर्ष भी मान लिया जाए, तो मेरे उपन्यास 'चित्रलेखा' का जीवन पाँच सौ वर्ष से कम नहीं होगा। तो यह बात कुछ बनती नहीं है। मैं ख्याति के लिए नहीं, आर्थिक अभाव के कारण आपके यहाँ आ रहा था, अब मैं चला।" और हम उठकर चल दिए।

देविका रानी के प्रमुख प्रतिनिधि के रूप में श्री शशधर मुखर्जी ने रायबहादुर के कमरे के सामने हमारा हाथ पकड़ा, "वर्मा जी, यहीं काम करना है आपको। पाँच सौ रुपया महीना मिलेगा, लेकिन अब आप यहाँ से वापस नहीं जाएँगे।"

और हमने बाम्बे-टॉकीज की नौकरी स्वीकार कर ली।

हम प्रवृत्ति से सैलानी किस्म के आदमी रहे हैं, लेकिन साहित्य में सृजनात्मक काम करने की प्रवृत्ति भी बुरी तरह से चिपकी है हमसे। तो हम बम्बई की धर-पकड़ और धमा-चौकड़ी से जल्दी ही ऊब गए। संयोग से हमें लखनऊ आने का अवसर मिला। उससे पहले हम लखनऊ से अनभिज्ञ-से थे। तो हमें लखनऊ में एक शानदार कोठी वहाँ के प्रतिष्ठित स्थान कैसर बाग में नाम मात्र के किराए पर मिल गई। तबियत बाग-बाग हो गई। हम लखनऊ आए थे वहाँ के एक अति प्रतिष्ठित हिन्दी दैनिक 'नवजीवन' के सम्पादक के रूप में और चूँकि 'नवजीवन' देश के प्रधानमन्त्री पंडित जवाहर लाल नेहरू का पत्र था, यह भी सम्भावना थी कि हम कोई महत्त्वपूर्ण राजनीतिक हाथ मार दें, और देश के मन्त्रियों की कोटि में आ जाएँ। राजनीतिक महत्त्वाकांक्षा की दुनिया भी बड़े भुलावे की होती है।

तो लखनऊ आकर हमें पता चला कि हम राजनीतिक गुलामी से ऊपर के आदमी हैं। हमारी नियति पराधीनता तथा झुकने और दबने की है ही नहीं। यह सारा उखाड़-पखाड़ हमें आजीविका के लिए करना पड़ रहा है। जहाँ जीवन है, वहाँ आजीविका का प्रश्न सर्वप्रथम है। जिन्दगी-भर हमें इस आजीविका के प्रश्न से जूझना पड़ा। इस पर भी राजनीतिक पद-मर्यादा का मोह हमें नहीं बाँध सका। यह पद-मर्यादा किसी विशेष व्यक्ति या अधिकारी की गुलामी स्वीकार करके ही हासिल की जा सकती थी। तो उस गुलामी से बचने के लिए हमें कबीरदास के शब्दों में अपना झोंपड़ा फूँक देना पड़ा। हम अपना झोंपड़ा फूँक कर यानी 'नवजीवन' से इस्तीफा देकर बम्बई में नए सिरे से संघर्ष करने निकल पड़े। परिवार को हमने उस सस्ते किराए के मकान में छोड़ दिया।

लेकिन जैसे बम्बई पहुँचना हमारी नियति में ही नहीं था। हम लखनऊ से इलाहाबाद होते हुए बम्बई के लिए रवाना हुए, इलाहाबाद में हमारे सगे भाई श्री आनन्दस्वरूप वर्मा प्रेस लाइन में जमने के लिए कायस्थ पाठशाला प्रेस को अपने प्रबन्ध में लेने का प्रयत्न कर रहे थे। सब कुछ ठीक था, लेकिन आनन्दस्वरूप की प्रेस लाइन की अनुभवहीनता उसके आड़े आ रही थी कायस्थ पाठशाला के अधिकारियों ने उन्हें बताया कि मेरे साझे में उन्हें प्रेस का प्रबन्ध मिल सकता है। तो उन्होंने हमें इलाहाबाद में रोक लिया। हम भी बम्बई जाकर फिर से संघर्ष में पड़ने के मूड में नहीं थे।

प्रेस के संघर्षों का पता हमें एक लम्बे काल से था। कलकत्ता में हम

उन संघर्षों से जूझ चुके थे। तो हम इलाहाबाद रुककर कुछ समय के लिए वहाँ प्रेस की व्यवस्था जमाने में लग गए। आजीविका का सहारा चाहिए था हमें, और जैसे नियति ने स्वयं अवतरित होकर हमारी सहायता की।

यहाँ हमें एक बात का उल्लेख कर देना आवश्यक होगा।

सन 1947 में देश के स्वतन्त्र हो जाने के बाद पं. नेहरू ने देश की सरकार के गृहविभाग के मन्त्री का पद सरदार वल्लभ भाई पटेल के हाथों में सौंपा था। श्री वल्लभ भाई पटेल ने सूचना-विभाग श्री दिवाकर के हाथों में सौंप दिया था। उस समय देश के हिन्दीवालों का संघर्ष सूचना-विभाग से चल रहा था—देश में हिन्दी की स्थापना के लिए। और उन दिनों हिन्दी साहित्य-सम्मेलन के प्रमुख थे स्वर्गीय डॉ. अमरनाथ झा। तो श्री दिवाकर ने सूचना-विभाग से साहित्य सम्मेलन का संघर्ष दूर करने के लिए इलाहाबाद पहुँचकर डॉ. अमरनाथ झा से बात करने का कार्यक्रम बनाया।

डॉ. अमरनाथ झा ने श्री दिवाकर को बात करने के लिए लंच पर बुला लिया। उस समय श्री सुमित्रानन्दन पन्त वहीं थे। बातों-बातों में डॉक्टर झा ने श्री दिवाकर के सामने एक प्रस्ताव रखा, ''सरकार की हिन्दी सम्बन्धी नीति में आमूल परिवर्तन और सुधार करने के आश्वासन का कार्यान्वयन इस प्रकार हो सकता है कि आप सरकार में हिन्दी के किसी वरिष्ठ साहित्यकार को सलाहकार बना लें और सरकार से हिन्दी साहित्य सम्मेलन का विरोध समाप्त हो जाएगा।''

''यह प्रस्ताव मुझे स्वीकार है। इसमें आप मेरा निर्देशन करें।''

''यह हिन्दी के अति प्रतिष्ठित साहित्यकार आपके सामने बैठे हैं।'' पन्तजी की ओर संकेत करते हुए डॉक्टर झा ने कहा, ''इन्हें आप आठ सौ रुपया महीना देकर मानद हिन्दी सलाहकार बनाकर यह काम प्रारम्भ कर दें।''

''मुझे स्वीकार है !'' श्री दिवाकर ने तत्काल उत्तर दिया।

''यह इलाहाबाद में ही रहकर अपना काम-काज सँभालेंगे !''

यह प्रस्ताव भी श्री दिवाकर ने स्वीकार कर लिया।

हिन्दी का केन्द्र-बिन्दु था उत्तर प्रदेश और उसकी राजधानी लखनऊ होने के नाते वह केन्द्र-बिन्दु इलाहाबाद न रहकर लखनऊ बन गया था।

इधर हम आजीविका की तलाश में पागल की तरह दुनिया से जूझ रहे थे। कभी कलकत्ता, कभी बम्बई और हारकर कभी इलाहाबाद। तो इसी जूझने-भटकने के क्रम में हमारी नजर पुस्तक-प्रकाशन के धन्धे की ओर

गई। तो पुस्तक-प्रकाशन की योजना बनाकर हम एक दिन दिल्ली पहुँचे।

स्वर्गीय बालकृष्ण शर्मा 'नवीन' की समस्त सद्‌भावनाएँ हमारे साथ थीं। पार्लियामेंट के सदस्य होने के कारण नवीनजी ने अपना स्थायी निवास एक तरह से दिल्ली बना लिया था। हम दिल्ली जाकर उनके यहाँ ही ठहरा करते थे। दिल्ली में सूचना-विभाग के सहायक सचिव पद पर स्वर्गीय बालकृष्ण राव थे, जो स्वयं हिन्दी के सृजनात्मक साहित्यकार थे। उनसे भी हम दिल्ली में मिल अवश्य लेते थे। हम उनसे मिलने सचिवालय पहुँचे। बड़ी आत्मीयता के साथ वह हमसे मिले। उन्हें हमारी विपत्तियों और परिस्थितियों का पता था। हमसे बात करते-करते उन्होंने सहसा फोन उठाया, "श्री लक्ष्मणन ! रेडियो में हिन्दी सलाहकारों की नियुक्ति की नीति को आगे बढ़ाने के क्रम में मैं आपके पास लखनऊ के सुप्रसिद्ध साहित्यकार श्री भगवतीचरण वर्मा को भेज रहा हूँ। आप इनसे मिलकर बात कर लें।" और उन्होंने हमें आल इंडिया रेडियो के तत्कालीन डाइरेक्टर जनरल श्री लक्ष्मणन के पास सीधा रवाना कर दिया।

रास्ते में हम गुनगुनाने लगे, "मेरे मन कछु और है, दाता के कछु और !" यह बात जून के अन्तिम सप्ताह की है।

आल इंडिया रेडियो में पहुँचकर हम श्री लक्ष्मणन से मिले और 1 अगस्त से हम 350 रुपए महीने के वेतन पर लखनऊ में रेडियो के हिन्दी सलाहकार हो गए। पुस्तक-प्रकाशन का धन्धा जहाँ-का-तहाँ धरा रह गया।

रेडियो के सलाहकार के रूप में तीन साल जिस सुख-चैन की जिन्दगी काटी उसे याद करके मन में कभी-कभी गुदगुदी होने लगती है। हमें रेडियो-स्टेशन के नजदीक ही एक अच्छा-सा मकान किराए पर मिल गया। उस मकान के मिलने में जो अड़चनें और बाधाएँ आईं, उनका जिक्र भी थोड़े में कर दिया जाए।

मकान मेरे भान्जे डॉक्टर टी.एन. वर्मा का था और शहर के लगभग बीच में स्थित था। हजरतगंज पास, अमीनाबाद पास और सचिवालय साथ ही लगा हुआ। इसी कारण सरकारी अफसर उस पर झपट रहे थे। बिना किसी बाहरी सहायता के कोई काम बनता ही नहीं था। तो सरकारी अफसरों के चंगुल से उस मकान को निकालने में हमें उत्तर प्रदेश के चीफ सेक्रेटरी श्री भगवान सहाय तक की सहायता प्राप्त करनी पड़ी। श्री भगवान सहाय हमारे विश्वविद्यालय के दिनों में सहपाठी थे और उनसे हमारी प्रगाढ़ मैत्री थी, जो आज के दिन भी जैसी-की-तैसी कायम है।

हमारा यह मकान रेडियो-स्टेशन से मुश्किल से तीन-चार सौ गज की दूरी पर था। तो दिन में एक बार घंटे-दो-घंटे के लिए रेडियो-स्टेशन हो आए बिना किसी कष्ट के और बाकी चैन की जिन्दगी। लेकिन अपने पैरों के सनीचर को क्या कहा जाए ! श्री दिवाकर के साथ मुश्किल से दो साल ही बीते थे कि सूचना-मन्त्री की हैसियत से डॉ. केसकर आ धमके।

डॉ. केसकर से हमारा प्रथम परिचय बम्बई में डॉ. मोतीचन्द्र के यहाँ हुआ था। वह 1942 के आन्दोलन में ब्रिटिश-सरकार के चंगुल से बचने के लिए बम्बई के विशाल जन-समूह में मिल गए थे। तो एक दिन दोपहर के समय डॉ. केसकर अनायास ही हमारे बम्बई के मकान में आ धमके, क्योंकि पुलिस उनका पीछा कर रही थी। हमारी पत्नी ने उन्हें आश्रय दिया और तीन-चार दिन बाद जब उन्हें पहचाने जाने का खतरा टल गया, वह हमारे मकान से चले गए। उन तीन-चार दिनों में हम दोनों का सम्पर्क प्रगाढ़ हो गया था।

डॉ. केसकर की हिन्दी-साहित्य में कतई अभिरुचि नहीं थी। महाराष्ट्रियन होने के नाते उनको शास्त्रीय संगीत के प्रति लगाव था। रेडियो में भला शास्त्रीय संगीत का क्या काम ? एक दिन हम दोनों में शास्त्रीय संगीत पर बातें हुईं। हम कई बार कह चुके हैं कि हमें शास्त्रीय संगीत के अन्तर्गत शुद्ध राग-रागिनियों का अच्छा बोध था और अगर हमारा जन्म अभिजात्य मध्यवर्गीय कायस्थ परिवार में न हुआ होता तो हम कवि की जगह संगीतकार बन गए होते। तो हमने डॉ. केसकर को सलाह दी कि शास्त्रीय संगीत की खयाल और ठुमरी की गायकी को छोड़कर अगर हम पदों को शुद्ध राग-रागिनियों की गायकी में बाँध सकें, जैसा तानसेन के समयवाली ध्रुपद गायकी में होता था, तो उन्हें रेडियो के कार्यक्रमों में आसानी से सम्गिलित किया जा सकता है। बम्बई में फिल्मी जीवन के दौरान इस तरह के प्रयत्न मैं कर चुका था, और बम्बई में फिल्म प्रोड्यूसर की हैसियत से इस ओर कुछ प्रयोग भी किए थे। हमारा यह प्रस्ताव डॉ. केसकर को पसन्द आ गया। यह काम दिल्ली से आरम्भ किया जा सकता था। सुगम-संगीत के प्रोड्यूसर का एक नया पद बनाकर हमें लखनऊ से दिल्ली रवाना कर दिया गया। अब हम दिल्ली में सुगम-संगीत के प्रोड्यूसर बन गए।

इस प्रसंग में दो नाम मेरी स्मृति में उभर रहे हैं, जिन्हें मैं भी नहीं भूल सकूँगा। ये दो नाम हैं, राय सोमनाथ वली और डॉ. सुमति मुटाटकर।

दिल्ली में मुझे सुगम-संगीत-रचनाकार के रूप में मिले राय सोमनाथ

वली। राय सोमनाथ वली बाराबंकी के प्रसिद्ध ताल्लुकदार राय राजेश्वर वली के कुल के थे। स्वयं शास्त्रीय संगीत में पटु और लाजवाब सितार बजाते थे। मुझे अनुभव हुआ कि उनका मुझे अमूल्य योगदान मिलेगा। सच कहा जाए, तो रेडियो में सुगम-संगीत की स्थापना का श्रेय उन्हीं को जाता है। बहुत कम समय तक उनका-मेरा साथ रहा। रेडियो-स्टेशन पर ही उन्हें दिल का दौरा पड़ा और मेरे सामने ही उन्होंने दम तोड़ दिया। उनकी मृत्यु से जैसे मेरी रीढ़ ही टूट गई।

श्रीमती सुमति मुटाटकर की शिक्षा लखनऊ के संगीत विद्यालय में हुई थी। उनकी गायकी से मैं अत्यधिक प्रभावित था। लखनऊ संगीत विद्यालय के प्राध्यापक थे श्री रतनजनकर—बड़े कुशल गायक, श्री विष्णु दिगम्बर के प्रिय शिष्य, लेकिन उनकी गायकी में दम नहीं था। डॉ. केसकर ने उन्हें रेडियो में शास्त्रीय संगीत का प्रमुख बना दिया था। आल इंडिया रेडियो में श्री रतनजनकर की सहायिका के रूप में श्रीमती सुमति मुटाटकर काम कर रही थीं।

दिल्ली में मुझे कांस्टीट्यूशन हाउस में निवास मिला था। श्रीमती सुमति मुटाटकर भी वहीं रहती थीं। श्रीमती मुटाटकर के पिता हिन्दी के क्षेत्र मध्यप्रदेश के रहनेवाले थे। तो कांस्टीट्यूशन हाउस में हम दोनों एक-दूसरे के घनिष्ठ हो गए थे।

बात बड़ी अजीब लगेगी, लेकिन आल इंडिया रेडियो में विरोध मुझे रेडियो स्टेशन के सरकारी अधिकारियों से मिला, न कि संगीत के विशेषज्ञों से। मैं आल इंडिया रेडियो के सरकारी तन्त्र का आदमी नहीं था। मैं था बाहरी आदमी, जिसे सरकारी कर्मचारी स्टाफ आर्टिस्ट कहकर नीची नजर से देखते थे। पग-पग पर मेरे पथ में बाधाएँ—यह करो, यह न करो आदि-आदि। उस समय संगीत की सहायक केन्द्र निदेशक के रूप में इंचार्ज थीं कुमारी उमा जगदीश प्रसाद।

कुमारी उमा जगदीश प्रसाद के पिता सर जगदीश प्रसाद ऊँचे घराने के व्यक्ति रहे थे और उमाजी अपने प्रभाव से सूचना-विभाग के उच्चतम पद की ओर अग्रसर थीं। मन्त्री तो आते थे और चले जाते थे, लेकिन इन सरकारी अफसरों की नियुक्ति स्थायी होती थी। तो गैर-सरकारी आदमी होने के नाते हम उमाजी से टकरा गए। कुमारी उमाजी के बहनोई श्री बालकृष्ण राव आई.सी.एस. थे और हम कह चुके हैं कि आल इंडिया रेडियो में हमारी नियुक्ति उन्होंने ही की थी। वह कवि भी थे और हमारे

मन में उनके कवि होने के नाते उनके प्रति एक लगाव की भावना थी। श्री राव की पत्नी थीं, उमाजी की बड़ी बहन शारदाजी। उनमें भी कला के प्रति लगाव था। वह मुझे बहुत मानती थीं। शारदाजी में उन दिनों अपने अधिकार के आरोपण की भावना बड़ी उग्र हो गई थी—अपनी सगी छोटी बहन उमा के कारण, जो श्री राव के प्रति अत्यधिक सहानुभूति रखती थीं। कहने में विस्तार न होता जाए, बस, इतना कहना काफी होगा कि भारत सरकार में शारदाजी और उमाजी को लेकर एक ड्रामा चल रहा था, जो भारत के गृहमन्त्री डॉक्टर काटजू के दरबार में जा पहुँचा था।

आल इंडिया रेडियो में पहुँचकर मैंने वहाँ गणतन्त्र-दिवस के अवसर पर सर्वभाषा-कवि-सम्मेलन की एक परम्परा डाली, जिसमें भारत के प्रायः सभी शीर्षस्थ कवि आमन्त्रित होते थे। रेडियो के प्रमुख सलाहकार होने के नाते श्री सुमित्रानन्दन पन्त तो आते ही थे, संसद-सदस्य होने के कारण श्री बालकृष्ण शर्मा 'नवीन' का आना भी अनिवार्य था। बच्चन, दिनकर आदि भी भाग लेते थे और उन दिनों के अनेक अन्य कवि, जिनके नाम अब करीब-करीब गायब हो चुके हैं, उस कवि-सम्मेलन में सम्मिलित होते थे। कुमारी उमा उस कार्यक्रम में कभी किसी प्रकार का हस्तक्षेप नहीं करती थीं। प्रश्न केवल इतना उठता था कि उस कार्यक्रम का अधिकार किसका है ? और अधिकार उनका था, यह सत्य है; लेकिन मैं भी निहायत अड़ियल आदमी था।

यह बात सन् 1955 के गणतन्त्र-दिवस की है। वह रेडियोवाला अखिल भारतीय कवि-सम्मेलन काफी महत्त्व का था। हाल खचाखच भरा था। बड़ा सफल कवि-सम्मेलन था वह, अन्त में मुझे अपनी कविता पढ़नी थी। और मैंने जो अपनी कविता पढ़ी, तो एक तहलका-सा मच गया। कविता इस प्रकार आरम्भ होती है—

दोस्त एक भी नहीं यहाँ पर
सौ-सौ दुश्मन जान के,
इस दुनिया में बड़ा कठिन है
चलना सीना तान के।

और उसी कविता का अन्त यों होता है—

वैसे वैभव और सफलता
से हमको भी मोह है।
क्या करें ? किन्तु हम कायल हैं

धर्म और ईमान के।
हमको तो चलना आता है
केवल सीना तान के।

डॉक्टर केसकर स्वयं उस कवि-सम्मेलन में थे। उन्होंने उस कविता की भूरि-भूरि प्रशंसा की। उमाजी स्टूडियो बूथ में बैठी वह कविता सुन रही थीं। वहाँ से चलते हुए उन्होंने एक कड़वी मुस्कान के साथ कहा, ''वर्माजी, यह कविता आपने मेरे ऊपर लिखी है क्या ?''

मैंने सरल मुस्कान के साथ उत्तर दिया, ''नहीं उमाजी, यह कविता मैंने अपने ऊपर लिखी है।''

श्री सुमित्रानन्दन पन्त दिल्ली में जब भी आते, मेरे ही साथ ठहरते थे। हम घर आकर सो गए।

हम पहले ही कह चुके हैं कि बालकृष्ण राव की पत्नी शारदाजी को लेकर गृहमन्त्री के यहाँ उमाजी का एक ड्रामा चल रहा था। यह संयोग की बात है कि दूसरे दिन रेडियो स्टेशन पर उस ड्रामे का परिणाम निकल आया। उमाजी का स्थानान्तरण दिल्ली से कलकत्ता हो गया था।

हमारी उस कविता की दो पंक्तियाँ यह थीं—

इस दुनिया में जहाँ लोग हैं
बड़े आन के, बान के।
हम तो देख रहे हैं तेवर
दो दिन के मेहमान के।

तो कभी-कभी कवि की वाणी में सरस्वती अवतरित हो जाती हैं। वह कुछ इसी तरह का मामला था।

राय सोमनाथ वली की मृत्यु के बाद रेडियो में सुगम-संगीत का काम वहाँ के संगीत-विभाग के एक अन्य सज्जन श्री रामसरन दास को सौंप दिया गया था, और मैं लग गया था उमाजी के साथ संघर्ष में। इस घटना के बाद मैंने संगीत-विभाग से हटने में ही अपना श्रेय समझा, क्योंकि संगीत न अपना क्षेत्र था, न उसे मैं अपना क्षेत्र बनाना चाहता था। तो मैंने अपना स्थानान्तरण रेडियो के हिन्दी-साहित्य-विभाग में करा लिया।

इस स्थानान्तरण की भी एक दिलचस्प कहानी है, जिसे कहने का लोभ मैं संवरण नहीं कर पा रहा हूँ। एक दिन संगीत-विभाग की कुछ उलझनों को

लेकर मैं डॉ. केसकर से बात करने उनके चैम्बर में पहुँचा। मन्त्री का व्यस्त जीवन मशहूर है। वह उस समय संगीत की समस्या पर डॉ. सुमति मुटाटकर से बातें करने में व्यस्त थे। उन्होंने मुझे बुला लिया। सुमति बाई से उनकी बात समाप्त हुई, और मैंने उनके सामने अपनी समस्या रखी। शायद वह इस संगीत के पचड़े से ऊब गए थे। उन्होंने मुझसे कहा, "आप अपनी बात मुझे लिखकर दें।"

हम एकाएक भड़क उठे। हमने कहा, "ठीक है, मैं अपनी बात लिखकर ही दूँगा।" और हम उठकर चले आए।

अपने कमरे में आकर हमने विस्तार के साथ तीन पृष्ठों का एक नोट तैयार करके उनके पास भेज दिया। उस नोट के साथ पाँच-छह पंक्तियों में लिखा हुआ हमारा त्यागपत्र भी। रेडियो की नौकरी से हमारा मन उखड़ चुका था।

लेकिन उस त्यागपत्र का गलत अर्थ लगाकर पार्लियामेंट में एक हंगामा मच गया। श्रीमती उमा नेहरू ने मेरे त्यागपत्र को लेकर डॉक्टर केसकर को जो लताड़ा, तो उनकी सिट्टी-पिट्टी गुम। उन्होंने मुझे अपने चैम्बर में बुलाकर अपना त्यागपत्र वापस लेने का आग्रह किया। उनकी स्थिति पर हमें जो दया आई, वह तो अलग बात, हमारे सामने यह प्रश्न साथ में उभरकर आया कि आखिर इस आजीविका के प्रश्न को लेकर नए सिरे से कैसे जूझा जाए ? तो हमने डॉक्टर केसकर से कहा, "अच्छी बात है, मैं अपना त्यागपत्र वापस लेता हूँ, इस शर्त पर कि मुझे लखनऊ में हिन्दी-सलाहकार के पद पर वापस भेज दिया जाए।" डॉक्टर केसकर ने तत्काल मेरा स्थानान्तरण दिल्ली से लखनऊ कर दिया, और मेरा इस्तीफा वापस।

जब तक दिल्ली में हमारे स्थान पर दूसरा आदमी न आ जाए, तब तक हमें दिल्ली और लखनऊ दोनों स्टेशनों का काम सँभालना पड़ रहा था। हमें इसमें कोई आपत्ति भी नहीं थी। तभी हमें पता चला कि आल इंडिया रेडियो के डायरेक्टर जनरल के रूप में श्री जगदीशचन्द्र माथुर आ गए हैं। दिल में अपार हर्ष हुआ था। उनका पहला नाटक अपने 'विचार' नामक पत्र में हमने ही प्रकाशित किया था। उनकी पदोन्नति से और साहित्य में उनकी स्थापना से हमें मन-ही-मन बड़ा सन्तोष था।

दिल्ली में हम भावातिरेक में डूबकर जगदीशचन्द्र माथुर से मिलने पहुँचे। माथुर साहब ने अपनी सरपरस्ती का हाथ हम पर भी रखा—इसकी

उन्हें आदत पड़ गई थी। उन्होंने मुझसे कहा, ''आप नाटक लिखने में बहुत ऊँचा स्थान प्राप्त कर सकते हैं। जो भी मेरी सहायता की आवश्यकता आपको होगी, वह मुझसे आपको मिलेगी।''

बदन में जैसे आग लग गई। मेरे स्वर ने तीखापन धारण कर लिया। मैंने कहा, ''नाटक मेरा क्षेत्र नहीं है। कभी जो लिख डाले तो लिख डाले। मेरा क्षेत्र उपन्यास है। शायद उपन्यासों में आपको रुचि नहीं है, आपने वह पढ़े नहीं।''

''हाँ, उपन्यासों में मेरी रुचि नहीं है। रेडियो में तो नाटकों को ही विशिष्टता मिलती रही है। मैं अब आपके उपन्यास भी पढ़ूँगा।''

मेरा अनुमान है कि कालान्तर में श्री जगदीशचन्द्र माथुर को यह अनुभव हुआ कि मेरा मूल्यांकन करने में उनसे कहीं कोई गलती हो गई है। जहाँ तक मेरा प्रश्न है, मेरे मन में सदा उनके प्रति सद्‌भावना रही, आदर रहा।

हम दिल्ली से फिर लखनऊ वापस आ गए। लखनऊ रेडियो के हिन्दी सलाहकार के पद को 'जब तक चले, चलाए जाओ' के सिद्धान्त के अनुसार हम चलाते रहे। समय आने पर लखनऊ में ही हम रेडियो से अलग हिन्दी में अपनी स्वतन्त्र सत्ता के साथ स्थापित होने में लग गए। कई उपन्यास लिख डाले। कहानियाँ भी लिखीं, और अभी तक लेखन का कार्य चल रहा है।

किस्सा कोताह यह कि 'बड़ेन-बड़ेन' में हमारा नाम बिना हमारे प्रयास के आ गया, यानी हम राज्य सभा में मनोनीत कर दिए गए। पूरा हिन्दुस्तान न सही, लेकिन हिन्दी पढ़नेवाला हरेक आदमी तो हमारा नाम जानता है।

2

दूजे बसे डगर माँ गाम

लखनऊ नगर का अपना एक विशेष महत्त्व है—यह हमने बहुत पहले, जब हम लखनऊ आकर बसे थे, अनुभव कर लिया था। वैसे हमारा लगाव लखनऊ से बड़ा उखड़ा-उखड़ा रहा है, और यह लगाव सन 1948 में स्थापित हुआ, जब हम 'नवजीवन' के प्रधान-सम्पादक की हैसियत से नियुक्त हुए थे। हमारी संस्कृति उस समय तक इलाहाबाद की संस्कृति थी, जहाँ हमने एक तरह से स्थायी निवास बना लिया था।

इलाहाबाद में हमारा जीवन भयानक संघर्षों का रहा है और आज हम अनुभव कर रहे हैं कि हमने इलाहाबाद में रहकर पाया कुछ नहीं, केवल खोया ही है। यह इलाहाबाद हमारे प्रथम प्रेम की प्रतीक, हमारी प्रथम पत्नी उमा को बड़ी बेरहमी के साथ निगल गया, और बिना हिचक हम पत्थर बनकर यह देखते रहे। अपने जीवन से उमा के निकल जाने की टीस आज तक हमारे अन्दर है।

विश्वविद्यालय की शिक्षा की व्यवस्था कानपुर में थी नहीं, और हम

विश्वविद्यालय की शिक्षा प्राप्त करके जीवन में बढ़ना चाहते थे। लखनऊ प्राचीन नवाबी मुस्लिम-सभ्यता का प्रतीक था। उधर इलाहाबाद नई आती हुई आधुनिकता का केन्द्र-बिन्दु था तथा काशी का हिन्दू विश्वविद्यालय आधुनिक राष्ट्रीय भावना के क्षेत्र में उभर रहा था। अतः इन्हीं दो नगरों की ओर हमारी आँखें उठती थीं। तो हम कानपुर से इलाहाबाद के लिए रवाना हुए। हमारे एक दूर के चचा थे श्री महेश प्रसाद जो कानपुर में हमारे परिवार में रहकर शिक्षित हुए थे और पले थे। कालान्तर में डिप्टी कलेक्टर बनकर इलाहाबाद में बस गए थे। हमारे कुछ ससुराली रिश्तेदार भी (हमारा विवाह जब हम इंटरमीडिएट में पढ़ रहे थे, तभी हो गया था) इलाहाबाद में रहते थे। तो यह स्वाभाविक ही था कि हम इलाहाबाद में ही पढ़ते।

काशी के हिन्दू विश्वविद्यालय में भर्ती होने का जुगाड़ नहीं लग सका, यद्यपि हमने इसके लिए काफी प्रबन्ध किया। तो हम इलाहाबाद में ही जाकर रुके। वहाँ हमारे सगे साले होस्टल के बाहर डॉक्टर प्यारेलाल के साथ अलग मकान में रह रहे थे और उन लोगों ने हमें अपने साथ रहने के लिए स्थान दे दिया।

हमारी पैतृक सम्पत्ति का कुछ भाग बचपन में ही बिक गया था। उससे जो रुपया मिला था, वह हमारे नाबालिग होने के कारण, बांडों के रूप में, सरकार की देख-रेख में बैंक में जमा था। उसका ब्याज हमें नियमित रूप से सरकार द्वारा मिलता था, जिससे हम जीवन-यापन कर सकें। हम जब इलाहाबाद पहुँचे, हम बालिग हो चुके थे और वह रुपया हमें मिल गया था। हमें अपने विवाह के अवसर पर दहेज के रूप में भी कुछ रुपया मिला था।

तो 'लंगोटी में फाग खेलने' वाली कहावत को चरितार्थ करते हुए हम इलाहाबाद के संघर्ष में धँस पड़े। जवानी का आलम, हमारे अन्दर प्रबल जीवनी-शक्ति। तो उन संघर्षों में हमें मजा आ रहा था। वैसे बिना कुछ जाने हुए हम सब-कुछ खो ही रहे थे। हमने इलाहाबाद में रहकर बी.ए. पास किया, एल-एल.बी. पास किया और चूँकि हमारे पिता वकील थे, हमने भी वकील बनने का कार्यक्रम बना लिया। वकालत पढ़ते समय ही हमने अनुभव कर लिया था कि वकालत का पेशा हमारे बस का नहीं है। सो हमने एम.ए. में भी अपना नाम लिखा लिया था। उन दिनों एम.ए. के प्रथम वर्ष तथा एल-एल.बी. के प्रथम वर्ष की परीक्षाएँ एक साथ दी जा सकती थीं। उसके बाद एम.ए. द्वितीय वर्ष की परीक्षा के लिए एक वर्ष

और फिर एल-एल.बी. की परीक्षा के लिए एक वर्ष। जो चाहे, वह पहले कर लिया जाए। इसी बीच हमें अनुभव हुआ कि हम दीवालिए हो चुके हैं और किसी तरह हम एल-एल.बी. के द्वितीय वर्ष की परीक्षा पूर्ण कर इलाहाबाद से कानपुर भाग खड़े हुए। कानपुर में आकर वकालत करना, यही परिणाम हाथ आया।

हमारे कानपुर आते ही नए संघर्षों के एक लम्बे दौर का प्रारम्भ हुआ। चारों ओर हम अभावों से घिरे हुए, लेकिन वाह रे हम कि संघर्ष करते जा रहे थे। उन संघर्षों का दुष्परिणाम भोगना पड़ा हमारी पत्नी उमा को। अभाव और विवशता का गरल उसने अकेले ही पी लिया। हमें मुक्त रखकर, घर में वह भारी यातनाओं में घुटती रही और परिणामस्वरूप उसे क्षयरोग हो गया। क्षयरोग को उन दिनों तपेदिक कहते थे और यह तपेदिक पर्दानशीन मध्यवर्गीय समाज में बुरी तरह घुसा हुआ था। इस तपेदिक का सिवा मृत्यु के कोई इलाज ही नहीं था। लेकिन बीमारियों से लड़ने की तथा बीमारियों का उपचार कराने की मानव में आदिकाल से प्रवृत्ति रही है। तो हमने यही कार्यक्रम हाथ में उठा लिया। अपने घर की जमा-पूँजी बेचकर हम उमा का इलाज करवा रहे थे, साथ ही हम जिन्दगी में अपने को स्थापित करने के लिए अमानवीय संघर्ष कर रहे थे।

कानपुर में वकालत जमने के कोई लक्षण नहीं थे। और तभी हमें अपने ननसाल हमीरपुर की याद आई। उस हमीरपुर से हमारा सम्बन्ध हमारी पाँच वर्ष की अवस्था से ही था—जब कानपुर में हमारे पिता की अकाल मृत्यु हुई थी, हमारे नाना चाहते थे कि उनकी पुत्री हमीरपुर में रहे, लेकिन हमारी माता में इतना स्वाभिमान था कि वह अपने पति-गृह में ही रहें, वे गर्मी की दो-तीन महीने की छुट्टियों में अपने पुत्रों को साथ लेकर हमीरपुर में चली जाती थीं और गर्मियाँ समाप्त होने पर कानपुर आ जाया करती थीं। हमीरपुर से हमें इतना अधिक भावनात्मक लगाव हो गया था कि हम हमीरपुर को अपना नगर समझने लगे थे।

यमुना किनारे एक ऊँचे टीले पर बसा हुआ था वह रमणीक नगर—स्वच्छ और निर्दोष वातावरण। हमीरपुर में ही यमुना और बेतवा का संगम था। पत्नी की तपेदिक की लम्बी बीमारी से एक लम्बे काल तक लड़ते रहने में, हमें ऐसा लगा, हमीरपुर हमें अधिक सहायक होगा। वहाँ के सीधे-सादे जीवन में आर्थिक-संकटों में कमी हो सकती थी। फिर इस बात की भी सम्भावना थी कि हमीरपुर हमारे अस्तित्व के संघर्षों में भी सहायक

हो सके।

हमीरपुर अदालती मामलों में कानपुर के अधीनस्थ था, सो वहाँ के लिए कोई सिरदर्द नहीं उठाना पड़ा। अपने परिवार को साथ लेकर हम हमीरपुर के लिए रवाना हो गए। परिवार को तो हमने कुछ काल के लिए अपनी ननिहाल की कोठी में ठहरा दिया, हम वहाँ के बाजार में दो रुपए महीने पर एक मकान लेकर जमने की कोशिश करने लगे। वहीं बेकारी के आलम में हमने 'चित्रलेखा' लिखनी आरम्भ की थी।

हमीरपुर में हमें अपने आर्थिक संघर्षों से छुटकारा पाने का कोई निदान नहीं मिला और हमें अन्यत्र आशा की किरणें दिखाई देने लगीं। और एक दिन हम हमीरपुर को अन्तिम विदाई देकर इलाहाबाद के लिए रवाना हो गए। 'चित्रलेखा' हमारे जीवन में आ रही थी। 'चित्रलेखा' को हम हमेशा अपनी भाग्यलक्ष्मी कह दिया करते हैं।

समझ में नहीं आता, कौन-सा विधान है, जो मनुष्य के हर एक कर्म को संचालित करता है। काल और नियति के हिलकोरों में लगातार बहनेवाला यह मानव अपने को कर्त्ता समझता है और हम भी अपने को कर्त्ता समझते थे। हम पहले ही कह चुके हैं कि जब हम इलाहाबाद पहुँचे, तो हमें पता चला कि श्री सुमित्रानन्दन पन्त कालाकांकर के कुमार सुरेशसिंह का आश्रय पाकर वहाँ रह रहे हैं। उनसे मिलने की लालसा हमारे अन्दर प्रबल हो गई। तो एक दिन इलाहाबाद में कानपुर के श्री जगदम्बा प्रसाद हितैषी हमारे यहाँ आकर ठहरे। हितैषीजी छोटे-मोटे रजवाड़ों में कवि की हैसियत से जाकर विदाई वसूल करके अपना जीवन-यापन करते थे। हितैषी जी इसी दौरे पर निकले थे। हमसे बोले कि हम उनके साथ कालाकांकर चलें। हम तत्काल राजी हो गए। पन्तजी से मिलने की योजना अपने-आप बन गई।

हितैषीजी तो कालाकांकर के राजभवन में ठहरे, हम पन्तजी के साथ ठहर गए। मुश्किल से दो-तीन दिन हम वहाँ रुके थे हितैषीजी अपनी विदाई वसूल करके इलाहाबाद की ओर हमें अपने साथ लेकर रवाना हुए। सुबह के समय इलाहाबाद की गाड़ी थी; रास्ते में एक स्टेशन आया 'भदरी'। हितैषीजी हमारा हाथ घसीटते हुए भदरी स्टेशन पर उतर पड़े। हम बड़े चक्कर में। यह भदरी कौन-सी जगह है ? यहाँ भला क्या काम ?

स्टेशन पर एक मजदूर पर असबाब लादकर हम दोनों भदरी के 'राजभवन' में पहुँचे।

एक ऊँचे टीले पर एक भव्य प्रासाद, यह था भदरी का राजभवन। आगे तो कुल तीन बड़े-बड़े हाल-नुमा कमरे थे, लेकिन पीछे रनिवास के कमरों का काफी ताना-बाना था।

राजा साहेब भदरी गौर वर्ण के लम्बे-से युवक थे, सुन्दर मुखाकृति। उन्होंने हम दोनों का स्वागत किया और हमें बाहरवाले कमरे में ठहराया।

'चित्रलेखा' की अधलिखी मैनुस्क्रिप्ट हमारे पास थी। चूँकि हितैषीजी अपनी कविता का रंग जमाने गए थे, सो हमने अपनी कविता पढ़ना अस्वीकार कर दिया, हमने 'चित्रलेखा' के कुछ परिच्छेद सुना दिए। राजा साहब इस कदर प्रभावित हुए कि उन्होंने हमें भदरी में बस जाने का बड़ा आग्रह किया और एक हम कि महीना-दो महीना के अन्दर वहाँ से भाग खड़े हुए। फिर इलाहाबाद।

इलाहाबाद से हम कलकत्ता गए। कलकत्ता में हमने अपने लिए एक मकान खरीद डाला, लेकिन वहाँ सब-कुछ गँवा कर हम बम्बई के लिए रवाना हुए। बम्बई में हमने गँवाया तो कुछ नहीं, लेकिन इस कदर भीड़-भाड़ से भरा नगर, हमारे घर के वातावरण से सर्वथा भिन्न। बम्बई में परिस्थितियाँ ऐसी कि मन में प्रायः तय कर लिया था कि हम वहीं बस जाएँ। तभी हमें 'नवजीवन' के सम्पादक की हैसियत से लखनऊ आना पड़ा। लखनऊ में एक खिंचाव राजनीतिक सत्ता का भी था। हिन्दी का 'नवजीवन' और अंग्रेजी का 'नेशनल हैरेल्ड' साथ में उर्दू का 'कौमी आवाज'— ये तीनों पत्र भारत के प्रधानमन्त्री पंडित जवाहरलाल नेहरू के पत्र थे और इन पत्रों को सँभाल रहे थे जवाहरलाल नेहरू के दामाद श्री फिरोज गाँधी। तो बम्बई से डेरा-डंडा उठाकर हम लखनऊ के लिए चल पड़े। उस समय हमें क्या पता था कि हम स्थायी रूप से लखनऊ में बसने जा रहे हैं।

निहायत सस्ते किराए पर, लखनऊ के एक तरह से केन्द्रीय स्थान 'कैसर बाग बारादरी' के कम्पाउंड में ही हमें एक मकान एलॉट हो गया, और हम उसमें जम गए। जहाँ तक नौकरी का सवाल है, हम अपनी आदत के अनुसार मुश्किल से एक साल ही 'नवजीवन' में रह पाए, फिर हम उससे अलग हो गए। इस बार हम अपनी इच्छा से अलग नहीं हुए, हमें एक तरह से वहाँ से निकाला गया था। कुछ विस्तार तो बढ़ रहा है, लेकिन यह प्रश्न कि हमें क्यों और किस तरह से वहाँ से निकाला गया, किसी हद तक रोचक है। तो लगे हाथों उसका जिक्र भी हम यहाँ कर दें।

'नवजीवन' में हमारी नियुक्ति श्री रफी अहमद किदवई ने की थी।

'नवजीवन' की नीति के सम्बन्ध में हमने उन्हें आश्वासन दे दिया था कि वह कांग्रेस का ही पत्र समझा जाएगा और प्रदेश में कांग्रेस-सरकार का प्रतिनिधित्व करेगा।

कांग्रेस-सरकार के अन्दर उन दिनों राजनीतिक विग्रह चल रहे थे, जिनका पूरा पता तो हमें नहीं था, लेकिन अन्दाज हमें अवश्य था। उत्तर प्रदेश के मुख्य मन्त्री थे श्री गोविन्द वल्लभ पन्त—बड़े योग्य और कुशल आदमी। वह मुझे आरम्भ से ही पसन्द आ गए थे।

'नवजीवन' से हमने वहाँ की सरकार को और मुख्य मन्त्री श्री गोविन्द वल्लभ पन्त को जो सहयोग और बल दिया, उससे पन्तजी की नजर में हम बहुत ऊँचे उठ गए। उन दिनों उत्तर प्रदेश सरकार के स्पीकर थे श्री पुरुषोत्तम दास टंडन।

टंडनजी इलाहाबाद के रहनेवाले थे और हिन्दी साहित्य सम्मेलन के कर्णधार थे। मैं हमेशा से अपने को हिन्दी साहित्य का आदमी मानता आया हूँ और इस नाते टंडनजी का भक्त था। साहित्य के साथ-साथ टंडनजी की महत्त्वपूर्ण राजनीतिक भूमिका भी थी। रफी बनाम पन्तजी के संघर्ष में टंडनजी का पन्तजी को पूर्ण समर्थन था। टंडनजी एक तरह से बड़े भोले आदमी थे। एक दिन वे मेरे सामने बुरी तरह खुल गए। कुछ उत्तेजित होकर मुझसे कह उठे, "यह रफी —इन्होंने ही मुझे उत्तर प्रदेश का मुख्य मन्त्री नहीं बनने दिया। अपनी वरीयता के कारण मैं केवल स्पीकर बनकर ही रह गया हूँ।" और अपनी बात से वह स्वयं ही क्षुब्ध हो उठे।

हुआ यह कि कांग्रेस के अध्यक्ष पद के लिए पन्तजी ने टंडनजी का नाम रखा, और श्री रफी अहमद की ओर से श्री पट्टाभि सीतारमैया का नाम आया इस सम्बन्ध में मैं तटस्थ रह सकता था और मुझे शायद तटस्थ ही रहना चाहिए था, लेकिन मामला टंडनजी का और मैं कह चुका हूँ कि हिन्दी के कारण मैं भावनात्मक रूप से टंडनजी का शिष्य था। तो मैंने व्यक्तिगत रूप में 'नवजीवन' में टंडनजी का प्रचार किया।

श्री पट्टाभि सीतारमैया ने व्यक्तिगत रूप से अपने सम्बन्ध में एक लेख लिख डाला। पता नहीं उन्होंने उचित किया था या अनुचित किया था। दक्षिण के आदमी थे वे, उत्तर भारत में उनके सम्बन्ध में लोगों का ज्ञान नहीं के बराबर था। लेकिन टंडनजी को लेकर हम बाल की खाल खींचने के मूड में थे। हमने 'नवजीवन' के प्रधान-सम्पादक की हैसियत से एक लेख लिख डाला—श्री पट्टाभि सीतारमैया के खिलाफ कि आज तक कांग्रेस

के अध्यक्ष पद के लिए किसी ने व्यक्तिगत सफाई नहीं दी।

जो होनी थी वह होकर रही। मेरा वह लेख 'नवजीवन' की नीति के खिलाफ था। एक दिन बातों-बातों में श्री फिरोज गाँधी ने मुझसे इसका जिक्र किया और सलाह दी कि मैं रफी साहब से मिल लूँ, ताकि गलतफहमी दूर हो जाए। लेकिन हमने कहा, ''रफी साहब से मिलने की आवश्यकता नहीं है, मैं अपना इस्तीफा दे रहा हूँ। कल से मैं ऑफिस नहीं आऊँगा। मेरे सहकारी श्री खानचन्द्र गौतम काम सँभाल लेंगे।'' और हम उठ खड़े हुए।

हम स्वयं अलग नहीं हुए, हमें अलग किया गया है, इस सत्य को उस समय हमने भले ही स्वीकार न किया हो, पर हम कितने अड़ियल आदमी हैं, हम ही जानते हैं।

खबरों के जैसे पैर लगे होते हैं, हमारे इस्तीफे की खबर उत्तर प्रदेश के मुख्य मन्त्री के यहाँ उसी समय पहुँच गई। पन्त और रफी के झगड़े में पड़कर हम 'नवजीवन' से अलग हुए थे न। शाम को ही हमें पन्तजी का सन्देश मिला कि हम उनसे मिल लें।

सुबह हम पन्तजी से मिले। उन्होंने पूछा, ''अब तुम्हारा क्या कार्यक्रम है ?''

''कार्यक्रम है बम्बई वापस जाकर वहाँ जो काम हम छोड़ आए हैं, उसे उठाने का।''

''नहीं, वहाँ नहीं जाना है तुम्हें। यहीं रहकर तुम्हें अपना सहयोग हमें देना है।''

''लेकिन जिन्दगी में हमने न सरकारी नौकरी की है, और न सरकारी नौकरी हम करेंगे।''

तब नव स्वतन्त्र भारत में कुछ आधारभूत परिवर्तनों का कार्यक्रम उठा लिया गया था। सबसे पहला कार्यक्रम था जमींदारी प्रथा का अन्त करने का। तो सरकार ने जमींदारी-उन्मूलन बिल हाथ में ले लिया था।

''नहीं, तुम्हें सरकारी नौकरी नहीं करनी है। हमने जमींदारी उन्मूलन का जो काम हाथ में लिया है, उसके प्रचार में तुम्हें सहायता करनी है। उस प्रचार के लिए हम एक कमेटी बना रहे हैं। तुम्हें उसकी अध्यक्षता करनी है।'' और कुछ रुक कर उन्होंने पूछा ''तुम्हें 'नवजीवन' में कितना मिलता था ?''

''साढ़े सात सौ रुपया महीना।'' हमने कहा।

''यहाँ तुम्हें आठ सौ रुपया महीना मिलेगा। छः महीने का कांट्रैक्ट होगा, उसके बाद हम तय करेंगे कि क्या किया जाए। तुम्हारी स्वतन्त्र सत्ता होगी, तुम अपना जो जी चाहो पढ़ो-लिखो।''

लखनऊ ने हमें फिर जकड़ लिया, छः महीने बाद क्या होगा? कौन जानता है ?

लखनऊ के सरकारी तन्त्र में रहकर काम करना असम्भव था और पत्रकारिता के नाम पर जो काम हमें मिला था, उस पर हम लात मार चुके थे। तो एक दिन हम 'दिया झोंपड़ा फूँक' कहावत के अनुसार लखनऊ छोड़कर बम्बई की ओर चल पड़े। लखनऊ से परिवार को अपने साथ ले जाना भयानक रूप से व्यय-साध्य होता—बम्बई जैसी महँगी जगह में बिना अपना पैर जमाए यह सम्भव न था। लखनऊ में एक निहायत सस्ता, समझ लिया जाए कि प्रायः बिना किराए का एक मकान अपने पास था। अपने ढेरों सगे-सम्बन्धी यहाँ थे। सो अपने परिवार को भगवान भरोसे छोड़कर अकेले ही निकल पड़े—बम्बई में अपने लिए स्थान बनाने के लिए लक्ष्य को लेकर।

हमें आश्चर्य हो रहा है कि 'बीच डगर माँ गाम' लिखते-लिखते हम न जाने कहाँ से कहाँ बहक गए हैं। समस्त जीवन बहकाव और भटकाव का होने के कारण हम अपने रास्ते पर सही से कायम नहीं रह पाते।

सीमेंट, ईंट, गारे और चूने से बने हुए मकान—यह सब निर्जीव मकान ! लेकिन हमें ऐसा लग रहा है कि एक-दूसरे से जकड़े समूह में कहीं कोई प्राण है। यह सब बनते हैं, विकसित होते हैं, इनका ह्रास होता है और यह सब अन्त में मर जाते हैं। जब से सृष्टि हुई, तब से यह चलता रहा है और जब तक प्रलय नहीं होती, यह सब चलता रहेगा। हमें इस स्थान पर एक उपाख्यान याद आ रहा है। भगवान कृष्ण के योगदान से जब कर्ण की मृत्यु हो रही थी, तो भगवान कृष्ण ने उससे पूछा, ''कर्ण ! अपनी अन्तिम इच्छा बताओ, मैं उस इच्छा को पूर्ण करूँगा।''

अन्त समय तक कर्ण में चेतना थी। उसने भगवान कृष्ण से कहा, ''मेरे पार्थिव शरीर को अदग्धा भूमि पर जलाया जाए।''

''एवमस्तु।'' भगवान कृष्ण ने कहा।

भगवान कृष्ण कर्ण का पार्थिव शरीर लेकर विश्व-भर में घूम आए, हर स्थान पर भूमि ने कहा, ''अदग्धा भूमि ? वह तुम्हें नहीं मिलेगी। अनादिकाल से मनुष्य मरते आए हैं, अनन्त काल तक मनुष्य मरते रहेंगे, यहाँ कोई

अदग्धा स्थल है ही नहीं।"

और अन्त में भगवान कृष्ण ने कर्ण का पार्थिव शरीर अपनी हथेली पर रखकर जलाया।

यह उपाख्यान ऊटपटाँग दिखते हुए केवल इस बात को प्रदर्शित करने के लिए लिखा गया है कि इस भूमि के प्रत्येक भाग में जीवन के साथ मृत्यु भी है। अनगिनत प्राणी, जो पैदा होते हैं, मरते भी हैं। इस भूमि के हरेक खंड में जीवन के साथ मृत्यु अनिवार्य रूप से लगी हुई है।

हम फिर भटक रहे हैं—लखनऊ से इलाहाबाद, लखनऊ व दिल्ली। जमने और उखड़ने के क्रम में अब हमारे उखड़ने का समय आ गया था। रेडियो से त्यागपत्र देकर हमारे ऊपर एक चिन्ता आ गई। हमारे स्थान पर श्री इलाचन्द्र जोशी लखनऊ रेडियो में आ गए थे, उनके निवास-स्थान की समस्या थी। जोशीजी के लिए सरकारी आवास की व्यवस्था के सिलसिले में हम उन्हें अपने साथ लेकर नगर के एडमिनिस्ट्रेटर श्री गंगासिंह चूड़ामणि के दफ्तर में पहुँचे। इसमें फिर बाधाएँ और अड़चनें, लेकिन अन्त में जोशीजी के लिए सरकारी आवास मिल गया। हम उन्हें अपने साथ लेकर चलने को उठ खड़े हुए कि श्री गंगासिंह चूड़ामणि ने हमसे कहा, "जोशीजी को जाने दीजिए, मुझे आपसे कुछ बातें करनी हैं।"

मैं बैठ गया। श्री चूड़ामणि ने मुझसे पूछा, "वर्माजी आपने अपने निजी आवास के लिए कोई व्यवस्था की है ?"

मुस्कुराते हुए हमने कहा, "हम और हमारा निजी मकान। आप क्या कह रहे हैं ? हम खाना-बदोश आदमी हैं।"

"नहीं, मैं आपको खाना-बदोश नहीं रहने दूँगा। नगर महापालिका ने गोमती के पार लखनऊ का एक उपनगर बनाने की व्यवस्था की है। वहाँ हमने मकान बनवा कर तीस साल की किस्तों में मकान और जमीन की कीमत वसूल करने की व्यवस्था भी की है। अग्रिम के रूप में आपको 250 रुपए देने पड़ेंगे—बस।"

हमने कहा, "ढाई सौ क्या, हम तो अग्रिम के रूप में पच्चीस रुपया देने की हैसियत में नहीं हैं।"

श्री गंगासिंह चूड़ामणि के यहाँ जब हम गए थे, तो हमारे साथ मित्र पंडित रुद्रनारायण शुक्ल हो लिए थे। उन्होंने कोहनी मार कर हमें चुप रहने

का इशारा करते हुए अपनी चैक-बुक निकाली और ढाई-ढाई सौ के दो चैक देते हुए चूड़ामणि से बोले, "यह दो प्लाटों का अग्रिम आप ले लें।

श्री चूड़ामणि ने महानगर का एक नक्शा हमारे सामने फैला दिया, "आप दोनों ही एक-एक प्लाट चुन लें।"

कुछ अजीब गोरख-धन्धे और भूलभुलैया जैसा हमें लगा वह नक्शा। हमने उसे गौर से देखा—एक स्थान पर जमीन का एक बड़ा अंकित टुकड़ा था, जिस पर लिखा था—पी.ए.सी. हैडक्वार्टर। तो हमने सोचा यह हैड-क्वार्टर तो बनेगा ही और उसके पास ही बस्ती बसेगी। तो हमने अपने लिए सोलह हजार वर्ग फुट का एक 'ए' प्लाट चुन लिया। उस पूरे नक्शे में मुश्किल से पन्द्रह-सोलह प्लाट थे। उसके नजदीक ही 'बी' प्लाटों का एक जखीरा था। हमारे प्लाट के करीब एक फर्लांग की दूरी पर श्री रुद्रनारायण शुक्ल ने भी अपने लिए एक 'बी' प्लाट चुन लिया। हम दोनों प्रसन्न-मन वापस लौटे। चूड़ामणि ने दूसरे दिन सुबह हमें फैजाबाद रोडवाले ऑफिस में बुलाया था।

हमारे आने पर चूड़ामणिजी ने महापालिका के एक्जीक्यूटिव ऑफिसर श्री पाल को बुलाकर उन प्लाटों पर मकान बनवाने के आदेश दिए।

श्री पाल ने विवशता की मुद्रा में कहा, "बने-बनाए मकान एलाट करने का कार्यक्रम सरकार ने त्याग दिया है, केवल प्लाट किस्तों पर बिकेंगे।"

श्री चूड़ामणि भड़क उठे, "आपने मुझे इसकी सूचना नहीं दी ?"

"आप इधर कई दिनों से यहाँ आए ही नहीं।"

संयत होकर चूड़ामणि ने हमसे कहा, "प्लाट मैं आप दोनों को एलाट किए देता हूँ। साथ ही मकान बनाने का ऋण आप लोगों की वार्षिक आय के अनुसार स्वीकृत किए देता हूँ।"

हमारी किताबों की रॉयल्टी मन्थर गति से बढ़ रही थी। तीन महीने बाद प्लाट की कीमत की दूसरी किस्त हमें अदा करनी थी। रॉयल्टी पर अब आसानी से एडवांस मिल सकता था। मेरे मित्र पंडित वाचस्पति पाठक भारती भंडार में लेखकों की रॉयल्टी का हिसाब देख रहे थे।

'चित्रलेखा' पर कलकत्ते में एक फिल्म बनी और नवीन प्रकार की फिल्म होने के कारण जल्दी उतर भी गई। यद्यपि उस फिल्म को डायरेक्ट पंडित रामेश्वर शर्मा ने किया था, जो फिल्म कार्पोरेशन के मालिकों में से एक थे, लेकिन फिल्म के डायरेक्टर के रूप में श्री केदार शर्मा का नाम

दे दिया गया। श्री केदार शर्मा उठते हुए युवक थे।

इलाहाबाद के भारती भंडार में पहुँचकर 'चित्रलेखा' चमक उठी थी। एक साल के अन्दर उसका एक हजार का संस्करण बिक गया था। दूसरा संस्करण दो हजार प्रतियों का छपा। एक साल से कम की अवधि में वह भी बिक गया। फिल्म कॉर्पोरेशन का ध्यान 'चित्रलेखा' पर गया। उन्होंने 'चित्रलेखा' फिर रिलीज की और इस बार तो उसने जैसे रिकॉर्ड तोड़ने का बीड़ा उठा लिया।

न जाने कितने विस्तार से भरी है हमारे संघर्षों की कहानी ! तो विस्तार के साथ अपनी बात कहना छोड़कर इस कहानी को संक्षिप्त किया जाए।

जमीन हमारे पास थी ही, मकान बनाने के लिए ऋण की स्वीकृति थी, तो हम अक्सर महानगर चले जाते थे, अपने प्लाट का दर्शन करने। महानगर में नए मकान बनने के कार्यक्रम में तेजी आ गई थी। एक दिन हमें महानगर में श्री हरनारायण दुबे के दर्शन हो गए। श्री हरनारायण दुबे में साहित्यिक अभिरुचि थी। कॉर्पोरेशन ने ऋण देने का एक कायदा बना लिया था—एक-चौथाई मकान की नींव पड़ जाने पर, एक-चौथाई मकान आधा हो जाने पर और फिर शेष दो भागों में।

मकान का नक्शा हमें पहले ही पेश करना था, जो हमने कर दिया था। हम जब महानगर जाते थे, तो मकान का नक्शा अपने साथ ले जाते थे। तो पंडित हरनारायण दुबे हमारे साथ हो लिए। सब-कुछ देख-भालकर उन्होंने कहा, ''आप पाँच सौ का एक चैक मुझे दे दीजिए। आज से एक हफ्ते बाद आप फिर यहाँ आ जाइएगा, तब तक मकान की नींव पड़ चुकी होगी।''

एक हफ्ते बाद उनके आदेशानुसार हम फिर महानगर पहुँचे। वहाँ की हालत देखकर हम दंग रह गए। दुबेजी की देख-भाल में मकान की नींव खुद रही थी। दर्जनों राज-मजदूर लगे हुए थे। ईंटें मौजूद थीं, चूना मौजूद था। दुबेजी हमसे बोले, ''पाँच सौ रुपए देकर मैंने आपके नाम से यह सब मँगवा लिया है। एक अस्थायी नल का कनेक्शन भी ले लिया है।''

''लेकिन इन राज-मजदूरों का पैसा कहाँ से आएगा ?''

''अभी इन पैसों पर सिर नहीं खपाना है। मैंने उदयराज नाम के एक लेबर-कांट्रेक्टर को यह काम सौंप दिया है। माल-मसाले की कीमत श्री गिरीशचन्द्र मौर्य को अपनी सुविधा के हिसाब से दे दीजिएगा।''

एक कहावत है—'अल्ला मियाँ जब देते हैं, छप्पर फाड़कर देते हैं।' सब

कुछ अप्रत्याशित ढंग से मिलता जा रहा था और हमारे ऊपर मकान बनाने का भूत सवार हो गया था।

एक दिन बम्बई से हमें श्री केदार शर्मा का तार मिला, ''फौरन बम्बई चले आइए, फिर से 'चित्रलेखा' फिल्म के निर्माण की व्यवस्था हो रही है।''

हमें अपने साथ लेकर श्री केदार शर्मा नाडियाडवाला नाम के एक सज्जन से मिले, जो फिल्म में पैसा लगा रहे थे। उन्होंने हमसे रुपयों की बात करनी चाही। श्री केदार शर्मा ने यह बात रोक दी। उन्होंने प्रस्ताव रखा था कि दस हजार रुपयों में हम फिल्म बनाने का सर्वाधिकार बेच दें। हमने उनका प्रस्ताव स्वीकार कर लिया, इस शर्त पर कि यह दस हजार रुपया हमें नकद मिल जाए।

नकद देना शायद अनियमित काम होता, तो उन्होंने दस हजार रुपए का एक चैक हमें दे दिया। लिखा-पढ़ी पूरी हो गई।

जो चैक हमें मिला था, उसे श्री नाडियाडवाला ने क्रास नहीं किया था। हमने अपने मित्र श्री चतुरदास गुजराती द्वारा उस चैक को भुनाया, दो दिन के अन्दर ही अपने नाम लखनऊ का ड्राफ्ट बनवाया और हँसते-कूदते हम लखनऊ वापस आए। श्री नाडियाडवाला 'चित्रलेखा' के फिल्मांकन में हमें फँसाना चाहता था—इस काम के लिए शायद हमें हजार-दो हजार रुपया और मिल जाता, लेकिन हम फँसने के मूड में नहीं थे। हमने श्री नाडियाडवाला से कहा, ''केदार शर्मा पहले भी यह फिल्म बना चुके हैं। कहानी में जो भी रद्दो-बदल वह करना चाहें, उसकी मैं स्वीकृति देता हूँ।''

मैं जानता था कि श्री केदार शर्मा जो फिल्म बनाएँगे, वह निहायत घटिया किस्म की होगी। हरेक आदमी के पास उसका एक मानसिक स्तर होता है न !

तो इस तरह लखनऊ की महानगर नाम की एक तेजी के साथ बढ़ती हुई बस्ती में हमारा मकान बन गया। यह बस्ती छोटे और बड़े बँगलों की है, हर मकान एक-दूसरे मकान से कटा हुआ, हर मकान में उसका एक निजी कम्पाउंड और लॉन !

हाँ, तो विषय है 'दूजे बसै डगर माँ गाम'। घूम-फिरकर हम इस विषय पर आ जाते हैं।

लोगों की रुचियाँ बदल रही थीं, उनके मापदंड बदल रहे थे। और इसी

क्रम में यह महानगर की बस्ती डगर का गाम बन गई। लखनऊ आने जानेवालों के लिए महानगर ठहरने के नाम से सुगम स्थान हो गया। यहाँ से शहर के अन्य भागों के लिए बसें, टैम्पो, रिक्शे सभी कुछ मौजूद हैं।

जहाँ तक घाघ कवि का प्रश्न है, उनका गाम डगर में बिना उनके किसी प्रयत्न के ही आ गया होगा। शायद उनके इस दुनिया में आने के पहले ही से उनका गाम डगर का रहा होगा। लेकिन साहब, हमने तो अपना मकान खुद डगर में बनवा लिया था। इसका किसी दूसरे को दोष नहीं दिया जा सकता, और स्वयं अपने को दोष देने के मूड में हम हैं नहीं !

लखनऊ उत्तर प्रदेश के बीचोंबीच में है। बिहार की सीमा से लगे हुए बनारस से करीब तीन-सवा तीन सौ किलोमीटर, पंजाब की सीमा से लगे हुए सहारनपुर से भी करीब इतनी ही दूरी—आगरा और मथुरा से यही हाल, गोरखपुर और बलिया भी इसी ताने-बाने में, और तो और झाँसी का अन्तिम छोर ललितपुर इस समान दूरी के नियम से बँधा है।

उत्तर प्रदेश के किसी नगर से दूसरे नगर को चला जाए, तो पता चलेगा कि लखनऊ रास्ते में है। प्रदेश का जायजा लेने के लिए लखनऊ ही सबसे अधिक उपयुक्त नगर !

कौन किससे टकराया, यह कहना मुश्किल है। बहरहाल हम लखनऊ से और लखनऊ हमसे टकरा गया। हम अब अपने को लखनऊ का आदमी कहने लगे हैं—हमारा मकान इस शहर में बन गया है और हम यहाँ जमकर बैठे हैं। हमारे लखनऊ में बसने के साथ ही हमें यह आभास होने लगा कि हमारा मकान 'बीच डगर का गाम' बन गया है। लखनऊ से बाहरवाले नाते-रिश्तेदारों के आने-जाने का सिलसिला आरम्भ हो गया।

लखनऊ उत्तर प्रदेश की राजधानी होने के कारण बेतरह व्यस्त नगर बनता जा रहा है और यह महानगर की बस्ती, लगता है, लखनऊ के बीच का भाग बनती जा रही है। बाहर से आने-जानेवाले लोगों का ताँता बँधा रहता है। प्रदेश के आदमी कलकत्ता जाएँ, बम्बई जाएँ, जाते हैं लखनऊ होकर ही ! तो हमारा यह घर हमारे जानने-पहचाननेवालों के लिए, हमारे रिश्तदारों के लिए रुकने का एक स्थान बन गया है।

घाघ कवि के जमाने की हालत इतनी बिगड़ी हुई न रही होगी, जितनी आज है। इस बेतहाशा बढ़ती हुई आबादी के साथ हालत सुधरने का नाम लेने की जगह बिगड़ती जा रही है। तो यह डगर में गाम होनेवाली विपदा पर जब हम सोचते हैं, तो सिर चकराने लगता है।

अब हमारे साथ नियति ने एक और मजाक किया। हम दिल्ली में देश की राज्य सभा के सदस्य बना दिए गए। हम आपसे सच कहते हैं, हमने राज्य सभा का सदस्य बनने की कोशिश कतई नहीं की। हम तो नियतिवादी हैं। तो हमने सोचा कि यह भी देख लिया जाए। हमें दिल्ली में एक छोटा-सा मकान मिल सकता था, लेकिन हमने वहाँ एक अच्छा बँगला अपने नाम एलाट करवा लिया। झूठी शान और तड़क-भड़क के साथ रहना मानव की प्रवृत्ति है। हम स्वीकार किए लेते हैं कि हममें वह प्रवृत्ति है। तो हमारे बिना सोचे-समझे, जाने-अनजाने यह दिल्ली भी हमारे लिए डगर का गाम बन गई है।

जब हम गम्भीरतापूर्वक सोचने लगते हैं, तो ऐसा लगता है, हमारे अनगिनत नाते-रिश्तेदार विदेशों में सपरिवार बस गए हैं। जाते तो वह लोग विदेशों में इस इरादे से हैं कि वहाँ कुछ दिन रहकर जमा-जथा इकट्ठा करेंगे और फिर अपने देश में सुख-चैन की बंसी बजाएँगे, लेकिन साहब, कहाँ की सुख-चैन की बंसी ! खर्च एक दफे बढ़ जाए तो कम होने का नाम नहीं लेता। हर खर्च के साथ उसकी सुविधा से गुँथी उसकी असुविधा भी होती है। यूरोप में, खासतौर से इंग्लैंड में बसे हुए भारतीय के लिए वहाँ रहने के बाद देश लौटना मुश्किल हो जाता है। वे कुछ दिनों के लिए मिलने-मिलाने अपने देश आते हैं, फिर वापस विदेश। तो दिल्ली में हमें अपने भारतीय नातेदारों से ही नहीं, अपने विदेशी रिश्तेदारों से भी निपटना पड़ता है।

सार की बात यह है कि हम लखनऊ और दिल्ली दोनों नगरों को बीच डगर के गाम कह सकते हैं। चाहे वह लखनऊ हो चाहे दिल्ली, हमें नितान्त अनजाने लोगों से छुटकारा नहीं है। वैसे लोग हमें बड़ा भरा-पूरा समझते हैं, कुछ लोगों को हम पर रश्क भी है। बदली हुई परिस्थितियों के अनुरूप अपने को ढाल लेने की प्रवृत्ति मानव की आदि प्रवृत्ति मानी जाती है, लेकिन हमसे यह सँभलता नहीं है। अपनी हस्ती को स्वतन्त्र रूप से धारण करने में जो मेहनत करनी पड़ती है, वह तो अब हमारी रोज की वर्जिश बन चुकी है।

तो घाघ कवि की दो कहावतें हम पर पूरी तौर से लागू हो रही हैं—एक तो 'बड़ेन-बड़ेन माँ नाम' और 'दूजे बसै डगर माँ गाम'। गोकि परिस्थितियाँ नितान्त बदली हुई, यानी पहचानी नहीं जातीं और सन्दर्भ इस

तरह बदले हुए कि सिर चकरा जाए।

'दूजे बसे डगर माँ गाम' वाला प्रसंग स्वयं बन्द हो रहा है, क्योंकि तीन-चार रिक्शे भारी-भारी सामान से लदे हुए हमारे फाटक के अन्दर प्रवेश कर रहे हैं और हम अपने पौत्र को यह ताकीद करके कि वह पता लगाए कि वह लोग कौन हैं, कहाँ से आए हैं, कितने दिनों का प्रोग्राम बना कर आए हैं, अपने कमरे में घुसकर लेट जाते हैं। गोकि इस लेट जाने में भी बड़ी उबस है, मजबूरी भी है।

3

ता पै भए व़ित्त से हीन

इस तीसरी विपदा 'ता पै भए वित्त से हीन' का जिक्र करते-करते हम कुछ ऐसी उलझन में फँस जाते हैं, जिससे निकलना असम्भव-सा दीखने लगता है।

एक पौराणिक आख्यान है—कलियुग महोदय तेजी के साथ द्वापर युग को धकेलते हुए बढ़े जा रहे थे। द्वापर के अन्तिम सम्राट राजा परीक्षित ने यह तय कर ल़िया कि कलियुग को आने ही न दिया जाए। बड़े जबर्दस्त राजा-महाराजा हुआ करते थे। तो उन्होंने कलियुग को खदेड़ा। अब आगे-आगे कलियुग भाग रहा था अपनी जान बचाने के लिए और पीछे-पीछे राजा परीक्षित कि हम तुम्हारी जान लेकर ही छोड़ेंगे। अन्त में राजा परीक्षित ने कलियुग महोदय को दबोच लिया। बहुत रोया-गिड़गिड़ाया यह कलियुग। बोला, "हमें तो आना ही है, विधि का विधान कुछ ऐसा ही है, और आकर हमें अन्त तक रहना भी है। तो राजन हमें ऐसा स्थान बता दीजिए, जहाँ हम चैन से रहें, आपसे बिना संघर्ष किए हुए।"

बड़ी बुद्धि लड़ाई राजा परीक्षित ने और बुद्धि काम दे गई। बोले, "तुम स्वर्ण में रहो।"

"एवमस्तु !" कहकर कलियुग महोदय स्वर्ण में प्रविष्ट हो गए।

यह आख्यान इस सन्दर्भ में है कि कलियुग स्वर्ण में यानी कि सोने-चाँदी में जमकर बैठा हुआ है और इसीलिए कलियुग ने वित्त को इतनी महत्ता प्रदान की है।

पुराने जमाने में सोने का उपयोग गहनों में हुआ करता था—गले मे सोने की हसली, हाथों में सोने के मोटे-मोटे कड़े या बाजूबन्द। मतलब यह कि वह सब सोना संचय के रूप में होता था और एक या आध आना बट्टा देकर जब चाहे पूरी रकम खड़ी की जा सकती थी। सिक्कों के नाम पर कौड़ियों और दमड़ी का चलन था। अपने बचपन में हमने कौड़ियों का महत्त्व बहुत कुछ देखा-भाला है, लेकिन यह साठ-सत्तर साल के अन्दर ही क्या-का-क्या हो गया। दमड़ी और छदाम लोगों के नाम बनकर ही रह गए। दमड़ीलाल या छदम्मी परसाद तो अब भी कहीं-न-कहीं मिल जाते हैं, लेकिन न अब दमड़ी के दर्शन होते हैं और न छदाम नजर आती है।

विज्ञान के बढ़ते चरणों ने क्या-का-क्या कर दिखाया। जिसे हम आज औद्योगिक क्रान्ति (इंडस्ट्रियल रेवोल्यूशन) कहते हैं, वह वास्तव में तेजी के साथ बढ़ती हुई वैज्ञानिक क्रान्ति है, जिसने इस भूमंडल तो क्या, अन्तरिक्ष तक को दबोच लिया है। अमरीका, रूस, फ्रांस आदि को क्या कहा जाए, हमारे इस गरीब देश ने भी 'एप्पल' नाम का एक अन्तरिक्ष-यान आसमान पर दाग दिया है, ताकि अन्तरिक्ष की गतिविधियों का पता हमें चलता रहे।

बात हम वित्त की कह रहे थे और बहक न जाने कहाँ-कहाँ गए। हाँ, तो बचपन में हम वित्त के तीन रूप जानते थे—सोने-चाँदी के सिक्के, नोटों की गड्डियाँ और बैंकों में जमा खाता। सोने-चाँदी के सिक्कों पर सरकार की शनि-दृष्टि लगी है। इन पर इस कदर कर लगा दिया गया है कि ये दिखे और गायब हुए। हमने अटैचियों में ठुँसी हुई रकमों के सम्बन्ध में सुना है। सरकार ने बड़े नोटों का प्रचलन बन्द कर दिया है। अब तो सौ रुपये के नोटों का प्रचलन है। तो एक बड़ी अटैची में ही दस-बीस लाख रुपयों को रखा जा सकता है। और ये दस-बीस लाख रुपए, क्या कीमत रह गई है इनकी ?

एक जमाने में हम सरकारी सूत्रों से सैकड़ों-हजारों की बात कुछ अपनी आँखें फाड़ कर सुनते थे, और आज लाखों-करोड़ों में बात करने में हमें हिचक तक नहीं होती। हम अपने बचपन की याद करते हैं। अंकगणित

हमारा प्यारा विषय रहा है। गिनती के नाम पर लाख-दस लाख, करोड़-दस करोड़, अरब, खरब तक का हिसाब हम आसानी से लगा लिया करते थे। हाँ, इसके बादवाली गिनती से सिर जरूर चकराने लगता था। वैसे पद्म, कमल और नील तक की गिनतियाँ भी हमारे पूर्वजों ने गढ़ी थीं, लेकिन व्यवहार में अरब और खरब तक ही आते थे, और वह भी बड़ी मुश्किल से। और आज हम संसद में बैठे हुए हजार-करोड़ और लाख-करोड़ की गिनती बड़े मजे में सुनते हैं। अपनी उम्र बढ़ गई है, तो स्वयं इन आँकड़ों के प्रयोग का अवसर नहीं पड़ता, लेकिन इस स्थिति में दस-बीस लाख के विषय में सोचकर कुछ हँसी-सी आती है।

हमारी वित्त की भूलभुलैया स्वाभाविक नहीं हैं। हमारी ही क्यों, यह समस्त वित्त की भूलभुलैया अस्वाभाविक दिखती हैं। तो अपनी वित्तहीनता की बात जब चल निकली है, तो उस पर मानसिक खेद तो हमें नहीं होता, लेकिन इस वित्तहीनता का व्यावहारिक खेद हमें हमेशा सालता रहा है।

यह वित्तहीनता तो हम अपनी भाग्य-रेखा में लिखा लाए हैं।

घाघ कवि ने जब अपनी यह कहावत कही थी, तब हम साक्षात् तो उनके सामने नहीं थे, लेकिन हमें ऐसा लगता है, हमारी अदृश्य छाया कहीं न कहीं उनके पास मँडरा रही थी।

हमारी वित्तहीनता हमें अनादि काल से दुखी किए है और अनन्त काल तक हमें दुखी करती रहेगी। क्या नहीं है हमारे पास ? दुनिया में ऊँचे-से ऊँचा, जो मिल सकता है, पहले मिल चुका है। राज्य-सम्मान, दैनिक जीवन में मान-मर्यादा सभी कुछ तो है, फिर भी समय-समय पर हमें अपने अन्दर वित्त के अभाव की पीड़ा सालती रहती है।

हम ये बातें पहले ही कह चुके हैं पर यहाँ फिर से इन्हें विस्तार से कहने की इच्छा हो रही है।

बचपन में जब हमारी उम्र पाँच वर्ष की थी, हमारे पिता की मृत्यु हो गई। घर में ताऊ थे, हमें अनाथ नहीं कहलाना पड़ा। लेकिन हमारे ताऊ शराब-कवाब में ही मस्त रहते थे। घर की देवियाँ, यानी हमारी ताई और हमारी माता ही घर का काम चलाती थीं। बड़ी जीवट की औरतें थीं दोनों और जीवट के केन्द्र-बिन्दु थे हम। घर से तीन-चार मील की दूरी पर अनाज की मंडी से मनों अनाज खरीद कर हम लदवा लाते थे—दस-बारह वर्ष की

उम्र में ही। घर में जमींदारी थी। वह हमारे ताऊ से सँभलती न थी। तो उस जमींदारी का आधा भाग, यानी हमारे पिता का भाग बेच दिया गया। जो रकम आई, वह अदालत में हम नाबालिगों—यानी हमारे और हमारे छोटे भाई आनन्दस्वरूप वर्मा के नाम जमा हो गई। उसका ब्याज हम दोनों को मिलता रहा और उसी से हमारी माता हम लोगों का खर्चा चलाती रहीं।

हमारे ताऊ बाबू कालीचरण हृष्ट-पुष्ट कद्दावर आदमी थे—किसी कदर रईस तबीयत के। हमें पता नहीं, उन्होंने बी.ए. पास किया था या नहीं, लेकिन वह कानपुर म्युनिसिपल बोर्ड में डिप्टी-इंस्पेक्टर ऑफ स्कूल्स थे। उनकी भारी शान-शौकत घर के बाहर यार-दोस्तों में चलती थी। एक तरह से वह घर के बाहर के ही प्राणी बन गए थे—परिवार के प्रबन्ध से एकदम उदासीन।

हमारे ताऊ के परिवार की हालत कुछ सुधरी हुई थी, लेकिन जब हम सत्रह-अठारह वर्ष के थे, ताऊ क्षयरोग से ग्रस्त हो गए। उनकी तीमारदारी का भार भी हम पर। लेकिन तपेदिक का रोग तो घरों को चौपट करनेवाला होता था। हम पूरे बीस वर्ष के भी न थे, हमारे ताऊ की मृत्यु हो गई। उनका क्रिया-कर्म भी हमने किया।

इतनी बड़ी विपत्ति हमारे सुस्त परिवार पर और हम कहीं से हिले नहीं, टूटे नहीं। परिस्थितियों और विवशताओं से भरे हुए संघर्ष का मनुष्य के निर्माण में बहुत बड़ा हाथ होता है, यह हम स्पष्ट रूप से कह सकते हैं। हमारे पिता के मरने के बाद हमारे नाना ने हमारी माता से बहुत आग्रह किया कि वह उनके साथ चलकर हमीरपुर में रहें, लेकिन हमारी माता में अपना एक प्रबल अहं था। अपने पुत्रों को वह उनके परिवार से अलग नहीं रखना चाहती थीं, सब मुसीबतें उठाने को वह तैयार थीं। कभी किसी से वह दबकर नहीं रहीं। हमें लगता है, हमारा यह अहं हमें अपनी माता से ही मिला है और इसी अहं के कारण हम विपत्तियों से जूझने के आदी हो चुके हैं।

हमें याद आता है, जब हमने एस.एल.सी. की परीक्षा पास कर ली, तो हमारे चचेरे ताऊ बाबू सूरजप्रसाद ने हमारी माता को सलाह दी कि अब आगे पढ़-लिखकर क्या होगा, कचहरी या म्युनिसिपल बोर्ड में क्लर्की की नौकरी वे हमें दिला देंगे। लेकिन हमारी माता अपने पुत्र को क्लर्क बनाने को राजी नहीं हुईं। इसमें हमारी सगी ताई ने भी उनका साथ दिया। हमारे ताऊ इन दो विधवाओं पर बेहद नाराज हुए लेकिन हमारे परिवार पर उनका

वश नहीं था। और हम क्राइस्ट चर्च कॉलेज में इंटरमीडिएट में भर्ती हो गए।

इन आर्थिक विपत्तियों के बाद भी हम बड़ा बनने के सपने देख रहे थे। हम क्या, हमारे परिवारवाले भी हमें बड़ा आदमी बनाने के सपने देख रहे थे। लेकिन वह बड़ापन क्या होगा, इसकी स्पष्ट परिकल्पना न हमने की थी, न हमारे परिवारवालों ने। बड़ा होने के अर्थ उन दिनों होते थे धनवान होना, ऊँचा अफसर या वकील-बैरिस्टर होना। अंग्रेजों की गुलामी करनेवाली जाति में इससे अधिक भला क्या कल्पना हो सकती थी ?

सब-कुछ बड़े स्वाभाविक ढंग से चल रहा था। कहीं किसी तरह की कसक नहीं थी हमारे अन्दर, कोई कुंठा नहीं। एक कौतूहल था, अन्दर-ही-अन्दर एक प्रबल प्राणशक्ति भी थी।

18 अप्रैल 1923—यह तारीख हमें अब तक याद है। उस दिन हमारा विवाह हुआ था।

स्त्री के सम्बन्ध में हमने पढ़ा बहुत था, सुना भी बहुत था, लेकिन स्त्री को तब तक हमने जाना नहीं था। उस युग की पारिवारिक और सामाजिक मान्यताएँ कुछ ऐसी थीं कि स्त्री को जानने का मौका ही नहीं मिलता था, केवल कल्पना ही की जा सकती थी।

उमा—सरल, निश्छल, भोली-भाली, ममतामयी और साथ ही हमारी दृष्टि में अतिशय सुन्दर। विवाह होने से पहले हमने उसे देखा भी था और मन में आया था कि उसके साथ हमारा विवाह हो जाए। हमारी यह इच्छा पूरी हुई। लेकिन बड़ी अभागी थी वह, हम आज यह अनुभव कर रहे हैं। उसके बड़े भाई मध्यप्रदेश में एक रियासत के दीवान थे, लेकिन उसके माता-पिता मर चुके थे। तभी तो एक असम्पन्न कुल में उसका विवाह कर दिया गया था। हमें एक निधि मिल गई थी, लेकिन निधि को सहेजने की न हममें प्रवृत्ति थी और न क्षमता। हम उससे बेहद प्रेम करते थे और वह हमसे।

दुनिया में मनुष्य की दो प्रमुख प्रक्रियाएँ हैं—पाना और खोना। इस पाने और खोने को समर्थ व्यक्ति लेने और देने का नाम दे देते हैं, लेकिन अपनी असमर्थताओं से घिरे हुए हम, हमने हमेशा इसे पाने और खोने के रूप में ही जाना है। लेने और देने का सकारात्मक रूप अभिमान है और नकारात्मक रूप है कुंठा। लेकिन इस पाने और खोने का न सकारात्मक रूप है और

न नकारात्मक रूप, इसलिए अभिमान और कुंठा से हमने हमेशा अपने को मुक्त समझा है। एकाएक खो देना यह हमारे जीवन का क्रम-सा रहा है। इसका एक अनुभव यहाँ बता दें।

हम अपनी पत्नी उमा को साथ लेकर राजनाँदगाँव (मध्यप्रदेश) से लौट रहे थे और इलाहाबाद में हमें कानपुर के लिए गाड़ी पकड़नी थी। लम्बे सफर की थकावट। जनाने वेटिंग-रूम में हमारी पत्नी चली गई। उसका ट्रंक उसके साथ था। अबोध सीधी; वह बिना अपने ट्रंक में ताला लगाए बाथरूम में चली गई। वहाँ से लौटकर उसने कपड़े बदले, ट्रंक में ताला लगाया और शाम की गाड़ी से हम कानपुर वापस। दूसरे या तीसरे दिन पता चला कि ट्रंक से उसके सब गहने गायब। हमारी माता व हमारी पत्नी पर वज्रपात-सा हुआ। उन दिनों सोना तीस रुपए तोला था। उस हिसाब से करीब चार हजार रुपए के गहने थे। हमारी माता ने अपने अधिकांश गहने हमारी पत्नी को दे दिए थे। चार भाइयों की अकेली बहन, अपने मायके से भी वह गहने लाई थी। लेकिन हमारे चेहरे पर शिकन नहीं, जैसे अन्दर-ही-अन्दर हमने यह स्वीकार कर लिया हो कि खोना हमारे जीवन का क्रम है। और यह अनायास खोते रहने का क्रम आज भी चला आ रहा है। लोगों का कहना है, यह खोने का योग हमें ग्रह-नक्षत्रों से मिला है और हमने इसे स्वीकार भी कर लिया है।

बहरहाल घर की हालत और भी अधिक अनिश्चित हो गई। गहनों के रूप में जो धन था, वह भी जाता रहा और इंटरमीडिएट पास करके हमें आगे पढ़ना ही था।

बातों-बातों में हमने अपनी यह समस्या गणेशशंकर विद्यार्थी के सामने रखी। प्रान्त की सरकार ने एक साल पहले ही नगरों के विभिन्न कॉलेजों में बी.ए. और एम.ए. की कक्षाएँ बन्द करके उन्हें इंटरमीडिएट कॉलेज बना दिया था। केवल विश्वविद्यालयों में ही उच्च शिक्षा का प्रबन्ध रह गया था। उन दिनों प्रान्त में केवल तीन विश्वविद्यालय थे—इलाहाबाद विश्वविद्यालय, बनारस विश्वविद्यालय और नया खुला हुआ लखनऊ विश्वविद्यालय। तीनों ही विश्वविद्यालयों में होस्टल में रहकर पढ़ना होता।

विद्यार्थीजी ने हमें सलाह दी कि हम बनारस विश्वविद्यालय में जाकर

पढ़ें। काशी में फीस की कुछ सुविधा हो सकती थी। यही नहीं, कुछ ऊपर का काम भी मिल सकता था। इसके लिए उन्होंने हमें काशी के उन दिनों के महत्त्वपूर्ण नागरिक राय कृष्णदास के नाम पत्र देकर बनारस भेजा। राय कृष्णदास काशी के प्रमुख रईस ही नहीं थे, वे हिन्दी साहित्य-क्षेत्र में अपना स्थान बना चुके थे। हम बनारस के लिए चल पड़े। मन में एक उमंग थी, आँखों में सपने थे।

काशी में एक दूर के रिश्तेदार का पता लगाकर हम उनके यहाँ ठहरे और दूसरे दिन राय कृष्णदास के यहाँ पहुँचे। गंगा के किनारे एक बड़ी शानदार हवेली, राजसी वैभव, हम उसकी सजावट और शोभा से दंग रह गए। शाम का समय था, हमने दरबान से इत्तला कराई और हमें अन्दर बुला लिया गया।

एक बड़े हाल में रायसाहब आठ-दस आदमियों से घिरे बैठे थे। मुख्य रूप से साहित्य-चर्चा चल रही थी। रायसाहब ने हमारा परिचय पूछा। कानपुर साहित्य-सम्मेलन के अवसर पर हमने जो कविता पढ़ी थी, उससे हिन्दी के कुछ लोग हमें एक प्रतिभाशाली और उठते हुए कवियों में गिनने लगे थे। हमने अपना परिचय दिया। साथ ही हमने श्री गणेशशंकर विद्यार्थी का पत्र भी उन्हें दे दिया। सरसरी नजर से पढ़कर उन्होंने वह पत्र अपने पास रख लिया। साहित्य-चर्चा फिर होने लगी। रायसाहब के पास बैठे हुए लोगों में श्री मैथिलीशरण गुप्त भी थे। उन्हें देखते ही हम पहचान गए।

मैथिलीशरण गुप्त को हमने अपने पथ-प्रदर्शक के रूप में माना है। उनकी 'भारत-भारती' से प्रभावित होकर ही हमने कविता लिखनी आरम्भ की थी। कानपुर में 'प्रताप' ऑफिस में उनके दर्शन करने का सौभाग्य भी हमें एक-दो बार प्राप्त हो चुका था, यद्यपि उनसे मिलकर बात करने की हिम्मत हममें नहीं हुई थी। हम चुपचाप नत-भाव से उस मंडली में बैठकर बातें सुनने लगे।

करीब एक घंटे के बाद रायसाहब के खिदमतगार ने खबर दी कि भोजन तैयार है। हम उठ खड़े हुए, लेकिन रायसाहब ने आग्रह किया कि हम भोजन करके जाएँ। जितने भी व्यक्ति वहाँ थे, उन सबको भोजन करना था।

एक ऊँची चौकी पर राय कृष्णदास और उनके सामने फर्श पर बैठे हम सात-आठ आदमी। उनमें श्री मैथिलीशरण गुप्त भी सम्मिलित थे। थालियाँ आईं। तरह-तरह के शकाहारी व्यंजन। हमें याद नहीं कि राय

कृष्णदास के सामने चाँदी की थाली आई थी या कोई दूसरी। हम जरा दूर पर थे और सच बात यह है कि कुछ अजीब तरह से मर्माहत-से। उस दिन के पहले हमने सामन्तवादी परम्परा को देखा नहीं था। कानपुर में स्वतन्त्रता के लिए मरनेवालों से ही वास्ता पड़ा था। हमने अपने अन्दरवाले उत्तेजित अहं को बेतरह दबाया। अन्दर-ही-अन्दर यह बोध भी हुआ कि हम रायसाहब की सहायता और कृपा प्राप्त करने आए हैं।

भोजन समाप्त हुआ और रायसाहब ने हमें दूसरे दिन सुबह के समय मिलने को बुलाया।

हम जहाँ ठहरे थे, वहाँ वापस लौटे भारी मन, हतप्रभ और विक्षुब्ध। मन में उमंग और उत्साह का स्थान ग्लानि और विद्रोह ने ले लिया था। लेकिन रायसाहब के यहाँ हम दूसरे दिन सुबह के समय पहुँच ही गए। कितनी कष्टदायक होती है यह वित्तहीनता !

रायसाहब के मुख पर रात के समय जो तेज हमने देखा था, वह उस समय हमें नहीं दीखा। उन्होंने विद्यार्थीजी का पत्र एक बार आदि से अन्त तक पढ़ा। थोड़ी देर मौन-भाव से कुछ सोचते रहे, फिर उन्होंने हमसे कहा, ''विश्वविद्यालयवालों से मेरा कोई विशेष परिचय नहीं है। वहाँ फीस की माफी की व्यवस्था करना मेरे वश में नहीं है। और बतलाओ मैं तुम्हारे लिए क्या कर सकता हूँ ?''

रायसाहब के स्वर में एक तरह की करुण विवशता थी, जिसे हमने अनुभव करने से मानो इनकार कर दिया हो। रातवाला दृश्य हमारे सामने था। ऊँचे आसन पर बैठकर मैथिलीशरण गुप्त जैसे महान कवि को फर्श पर बिठला कर भोजन करानेवाला आदमी ! वह समता, भ्रातृभाव, स्वाधीनता जिसके हम 'प्रताप' परिवार का एक सदस्य होने के नाते अनुमोदक हो चुके थे, उसका सर्वथा नकारात्मक रूप हमें दीखा था उस समय। हम उठ खड़े हुए, ''हम तो काशी विश्वविद्यालय में शिक्षा प्राप्त करने आए थे। जब आधारभूत सुविधा ही यहाँ नहीं मिल सकती, तब अपने घर कानपुर से इतनी दूर रहकर क्या करेंगे ? धन्यवाद।'' और हम उनके यहाँ से चले आए।

हम इस बात को मुक्त-कंठ से स्वीकार करते हैं कि राय कृष्णदास के सम्बन्ध में अपनी वह धारणा बनाकर हमने उनके प्रति अन्याय किया था। जिस सामन्तवादी परम्परा में उन्होंने जन्म लिया था और जिसमें वे पले थे, उसके तौर-तरीकों से वह विवश थे।

बनारस से लौटते समय हम इलाहाबाद में रुक गए। हमारा छोटा साला जुगल किशोर इलाहाबाद में पढ़ रहा था—इलाहाबाद विश्वविद्यालय के गणित के प्राध्यापक प्यारे लाल श्रीवास्तव के संरक्षण में। हम भी इलाहाबाद विश्वविद्यालय में भर्ती हो गए। आगे चल कर क्या होगा, कैसे होगा—इसका पता ही नहीं था हमें।

कानपुर लौटकर हमने अपनी माता और पत्नी को अपना निर्णय सुनाया। बिना किसी बाहरी सहायता के इलाहबाद विश्वविद्यालय में प्रवेश ले लेने का जो साहस हममें हुआ था, उसका एक कारण था। हमारे बालिग हो जाने से जो पाँच हजार रुपया बैंक में हम दोनों भाइयों के नाम जमा था, उसका आधा भाग हमें मिल गया था।

यह जो महाजनी सभ्यता का शिकंजा हमारे समाज पर है; उसकी उपयोगिता के विरुद्ध हम कुछ कह सकने में असमर्थ हैं। इस महाजनी सभ्यता का मूलमन्त्र है—भविष्य की सुरक्षा। महाजनी अर्थशास्त्र के अनुसार पूँजी हमेशा सुरक्षित रखी जानी चाहिए, उस पूँजी का ब्याज ही उपयोग किया जाना चाहिए। लेकिन कहने और करने में अन्तर होता है। यह समस्त पूँजी और ब्याज का आर्थिक सिद्धान्त हमने कर्म के क्षेत्र में हमेशा मानने से इनकार किया है।

उस ढाई हजार की तथाकथित पूँजी के बल पर, अपनी माता के आशीर्वाद और पत्नी के स्नेहिल प्यार सहित, हमने इलाहाबाद विश्वविद्यालय में प्रवेश ले लिया।

इलाहाबाद में हमने किस तरह बी.ए. पास किया, एल-एल.बी. पास किया, इसकी एक लम्बी कहानी है, लेकिन इलाहाबाद के विद्यार्थी-जीवन की रंगीनियों की याद कर एक कसक जी में अवश्य उठती है।

हमारी सारी पढ़ाई इलाहाबाद के ऑक्सफोर्ड कैम्ब्रिज होस्टल में रहकर हुई। उस होस्टल की अपनी एक निजी परम्परा थी। वहाँ केवल सम्पन्न घरों के लड़के आते थे, और जिसे हम स्वाभिमान और अभिजात्यपन कहते हैं, वह सम्पन्न घरों की निधि बन चुकी थी। अच्छा खाना, अच्छा पहनना, खुले हाथों खर्च करना। और इस सबमें हम किसी से पीछे नहीं थे। घर की पूँजी बड़ी बेरहमी के साथ खर्च हो रही थी। हमारी गणना इलाहाबाद विश्वविद्यालय के शौकीन लड़कों में होती थी—शानदार सूट, अच्छा-खासा सजा हुआ कमरा, कमरे में पानदान। यह पान की लत हमें कानपुर में ही श्री विश्वम्भरनाथ शर्मा 'कौशिक' की पार्टी के सम्पर्क में पड़ चुकी थी। मेरे

अन्दर एक अजीब तरह की प्राणशक्ति थी, जो अतीत को भूलकर, भविष्य के प्रति आँखें बन्द करके, केवल वर्तमान में जीवित रहने की प्रेरणा के रूप में ही थी। खेल-कूद, घूमना-फिरना, यारबाजी—इसी सब में हमारा समय बीता इलाहाबाद में। नितान्त अनजाना पथ, नितान्त अनिश्चित भविष्य। जीवन की कोई सुस्पष्ट और निश्चित रूपरेखा नहीं। यौवन का पागलपन, अस्तित्व की एक पुलक ! यह सब हमने इलाहाबाद में विद्यार्थी की हैसियत से रहकर जाना है।

इलाहाबाद में शाही ठाट-बाट से रहने के कारण हमें यह चिन्ता होने लगी थी कि कहीं किसी तरह का काम मिल जाता, जिससे कुछ आमदनी हो जाए तो बड़ा अच्छा होता। तो उन दिनों हम पंडित कृष्णकान्त मालवीय के निकट सम्पर्क में आए। पंडित कृष्णकान्त मालवीय पंडित मदनमोहन मालवीय के सगे भतीजे थे। इलाहाबाद से एक साप्ताहिक पत्र वह निकाल रहे थे—'अभ्युदय' जो उस समय अपना एक विशिष्ट स्थान बना चुका था। हम उनसे कानपुर में एक कवि-सम्मेलन के दौरान मिल चुके थे और उन्होंने हमें बढ़ावा दिया था उसमें। उन्होंने कानपुर में कहा था कि जब हम इलाहाबाद आएँ, उनसे मिलें।

पंडित कृष्णकान्त मालवीय इलाहाबाद के प्रभावशाली स्तम्भों में थे। उनके द्वारा कुछ काम-काज मिल सकता है, ऐसा मुझे लगा। जांस्टनगंज मुहल्ले की एक गली में 'अभ्युदय' का ऑफिस था। एक दिन शाम को करीब पाँच-छः बजे हम उनके दफ्तर पहुँचे। अपने कमरे में वह नहीं थे। उनके किसी सहायक ने कहा, "बैठो, अभी आते होंगे, ऊपर छत पर पतंग उड़ा रहे हैं।"

चित्त प्रसन्न हो गया यह सुनकर ! कुछ साल पहले तक पतंग उड़ाने का शौक हमें भी था। वह तबीयत की मस्ती ! यह बोहेमियनिज्म ! इतना बड़ा नेता, इतना सम्मानित व्यक्ति, और छत पर वह कनकौवे के पेंच लड़ा रहा है ! कुछ देर में पंडित कृष्णकान्त मालवीय ऊपर से उतरे, पसीने से लथपथ। आकर वह अपनी मेज पर बैठ गए। फिर उन्होंने हमें कुछ देर तक देखा और एकाएक बोल उठे, "अरे तुम ! कब आए तुम इलाहाबाद ?"

हमने उन्हें बताया कि हम दो साल से इलाहाबाद विश्वविद्यालय में पढ़ रहे हैं। एक हल्की सी डाँट लगी हमको, "और तुम इस बीच मुझसे नहीं मिले ? बहुत बुरी बात है !" उन्होंने अपना गिलौरीदान खोलकर हमें पान दिया। पूछा, "अच्छी तरह पढ़ रहे हो न ? कविताएँ लिख रहे हो या

बन्द कर दीं ?'' और उन्होंने हमसे सब जानकारी हासिल करना आरम्भ कर दिया।

थोड़ी देर बाद हमने उनसे कहा, ''हम आपके पास इसलिए आए हैं कि आप हमें कुछ काम दें, इससे हमें पढ़ने में कुछ सहायता मिल जाएगी।''

''काम ?'' पंडित कृष्णकान्त के मुख पर उनकी स्वाभाविक मोहक मुस्कान उतर आई। ''तुम्हारे जैसा प्रतिभावान कवि इन साप्ताहिक पत्रों की कशमकश में पड़कर अपनी प्रतिभा नष्ट करे ? नहीं, यह ठीक नहीं। मैं तुम्हें एक पुस्तक देता हूँ। तुम हिन्दी में उसका अनुवाद कर डालो। कहीं दौड़-धूप नहीं करनी पड़ेगी। इत्मीनान के साथ अनुवाद करके महीने-दो महीने में मुझे दे जाना।'' और उन्होंने एक अंग्रेजी की पुस्तक हमें दे दी।

उस पुस्तक का नाम मुझे याद नहीं, लेकिन वह कवित्वमय एक छोटा-सा उपन्यास था—प्रेम-पत्रों के रूप में। पुस्तक लेकर हम होस्टल चले आए और उसका अनुवाद करने बैठ गए।

उन दिनों पैसों की कीमत बहुत अधिक थी। हमें पता था कि चार रुपए फर्मा यानी चार आने प्रति पृष्ठ के हिसाब से अनुवादक को मानदेय मिलता था। अस्सी पृष्ठ की पुस्तक थी। वह हमने पाँच-छः दिन में ही उसका अनुवाद कर डाला। लेकिन यह दिखाने के लिए कि हमने परिश्रम से यह काम किया है, आठ-दस दिन बाद हम पंडित कृष्णकान्त जी के यहाँ पहुँचे और अपना अनुवाद उनके सामने रख दिया।

दस-पन्द्रह पृष्ठ उन्होंने बड़े गौर से पढ़े। फिर उन्होंने कैश बॉक्स से दस-दस रुपयों के रूप में पचास रुपए निकाले और हमारे हाथ में रखकर कहा, ''कितना सुन्दर अनुवाद है, बिल्कुल मौलिक पुस्तक का रस है इसमें ! अभी मेरे पास इतना ही पैसा है, यह ले जाओ।''

पचास रुपया—एक महीने का खर्च ! हमें जैसे इस पर विश्वास नहीं हो रहा था। हम तो यही समझते थे कि पन्द्रह-बीस रुपए का काम किया है हमने। रुपए हमने अपने पास रखे और वापस होस्टल चले आए। हमें अनुभव हुआ कि कृष्णकान्तजी ने हमें काम देने के स्थान पर हमारी आर्थिक सहायता की है। हमें ग्लानि हुई, लेकिन वित्तहीनता सब-कुछ स्वीकार करा लेती है। वह पुस्तक आज तक प्रकाशित नहीं हुई। पंडित कृष्णकान्त ने हमारा मान रखते हुए हमारी सहायता की थी, बाद में हमने यह अनुभव किया। पंडित कृष्णकान्त हमारी नजर में बहुत ऊँचे उठ गए

थे। हम उनसे बराबर मिलते रहे, हर दूसरे या तीसरे सप्ताह, पर इसके बाद न हमने उनसे कोई काम माँगा और न उन्होंने कोई काम दिया।

विपत्तियाँ और बाधाएँ हमारे हरेक कदम के साथ जुड़ी हैं। इसके लिए हम किसी को दोष नहीं देते। जो कुछ हो रहा है, उसका उत्तरदायित्व स्वयं हम पर है, हमारे अहम् पर है, हमारी अपराजित प्राणशक्ति पर है।

भविष्य की कोई निश्चित रूपरेखा हमने कभी नहीं बनाई। अफसर बनना है अध्यापक बनना है या वकील, कुछ भी तय नहीं। परिवार में अफसरी की परम्परा थी, वकालत की परम्परा थी, अध्यापन की भी परम्परा थी। वकालत हमने की और कुछ हद तक अफसरी भी, लेकिन जो कुछ आज हम हैं, उसकी कल्पना नहीं की थी हमने।

कानपुर से हमीरपुर, हमीरपुर से इलाहाबाद, इलाहाबाद से कलकत्ता, कलकत्ता से बम्बई, बम्बई से लखनऊ, लखनऊ से दिल्ली और फिर दिल्ली से लखनऊ—कहाँ-कहाँ नहीं घूमे हम इस वित्त के समाधान में। पर हमने पाया कम ही, खोया अधिक।

यह शहर कानपुर ! लगाव तो हमें इस शहर से बेहद रहा है, लेकिन जाने क्यों यह शहर हमें कभी रास नहीं आया। वैसे हम जो कुछ हैं या बनें हैं, वह इस शहर कानपुर की बदौलत। कानपुर का मुहल्ला पटकापुर, शहजोर कहना तो गलत होगा, मुँहजोर कनौजिया ब्राह्मणों की प्रमुख बस्ती रहा है—एक से एक टर्रे आदमी। हमारा बचपन कानपुर के इसी पटकापुर मुहल्ले में बीता है। तो टर्रे आदमी तो हम नहीं बन सके, लेकिन टर्रेपन की गर्मी जरूर आ गई है और कभी-कभी यह गर्मी इस कदर उभर आती है कि लोगों को हमारे टर्रे होने का शक होने लगता है। यह टर्रापन वित्त-प्राप्ति में कितनी बाधाएँ उत्पन्न करता है, इसका अनुभव हमें होता रहा है, पर हम अपनी आदत से मजबूर ! हमने इसे अपनी नियति मान लिया है।

एक बात यहाँ हम और कह दें। हममें संचय की प्रवृत्ति नहीं है। संचय की प्रवृत्ति अच्छी है या बुरी, इस पर तो हम बहस करने के मूड में नहीं हैं, लेकिन संचय का सीधा सम्बन्ध सुरक्षा से है। तो किसी जमाने में हिन्दुओं के सभी वर्गों में यह संचय की प्रवृत्ति थी। इस संचय की प्रवृत्ति से बचे थे कुछ इने-गिने राजाओं की कोटि के क्षत्रिय या फिर कायस्थों के

वर्ग। और हमारा जन्म इसी कायस्थ वर्ग में हुआ है। इस कायस्थ वर्ग की प्रवृत्ति रही है—खाओ, पियो और मौज करो। तो हमने इस प्रवृत्ति को भी पूरी तरह से अपना लिया है।

एक बात और भी है। हम नियतिवाद के बहुत बड़े समर्थक हैं। हमारा समस्त जीवन ही नियतिवाद के दर्शन से शासित रहा है। जो होना है, वह हो चुका है, तो उसे बदलने के लिए क्यों सिर पटका जाए ?

तो वित्त के मामले में परिस्थितियाँ हमारे सर्वथा प्रतिकूल रही हैं, अनुकूल बनाने की हमने चेष्टा भी नहीं की। यह सत्य है कि जहाँ जीवन है, वहाँ आजीविका का प्रश्न सर्वप्रथम है। जिन्दगी-भर हम इस आजीविका के प्रश्न से ही जूझते रहे हैं।

कहने को तो हमारे पास अपना मकान भी है—जी भर कर रहने के लिए, जहाँ मन चाहे सोएँ, जहाँ मन चाहे बैठें, कोई बन्दिश नहीं। अपने पास एक कार भी है—छोटी-मोटी नहीं, एम्बेस्डर कार, इतनी बड़ी कि परिवार के सारे सदस्य उसमें आ जाएँ और जहाँ मन चाहे, फुर्र से घूम आएँ—एक शहर से दूसरे शहर तक। घर में फ्रिज भी है, टेलीविजन भी है, टेलीफोन भी लगा है। यानी हम सब तरह से सम्पन्न हैं—इन आधुनिक सामानों की सुख-सुविधा से। लेकिन पैसों के मामले में हम अब भी अपने को वित्तहीन ही समझते हैं।

संसद में बैठकर हम हजार-करोड़ और लाख-करोड़ के बजट पर बहस आए दिन सुनते रहते हैं। घर में भी दस-बीस लाख रुपयों का प्लान मिनटों में बना लेते हैं। यह बड़े-बड़े प्लान बनाने की आदत हमें बचपन से ही है। अगर हमसे कोई पूछे कि इस दुनिया में, और दुनिया ही में क्यों, इस ब्रह्मांड में सबसे अधिक गति किस चीज की है, तो हम तड़ाक से उत्तर देंगे—कल्पना की गति। तो यह कल्पना की गति हमेशा हमें अपना प्लान बनाने में सहायता देती रही है। वैसे दस-बीस लाख क्या, दस-बीस हजार भी हमने मुश्किल से इकट्ठे देखे हैं।

इस कलियुग में वित्त को कितनी प्रधानता मिली है, यह आज हम अनुभव करने लगे हैं। हर कदम पर हमें रुपयों-पैसों की आवश्यकता पड़ती है। हम साफ़गोई से कहते हैं —यह मकान जिस पर हमें नाज़ है, इसके रख-रखाव को ही देखा जाए। हजारों रुपए लग जाते हैं इसकी रँगाई-पुताई और मरम्मत में। यह कार, जिसको हमने कितनी शान से खरीदा है, घर से बाहर निकलने पर पच्चीस-तीस रुपए चाट डालती है। और एक बार

यह गराज गई नहीं कि तीन-चार सौ का बिल ऊपर से। बिजली और टेलीफोन के बिल की हम चर्चा ही नहीं करते। हमें कहने में हिचक नहीं कि राज्य सभा की हमारी सारी तनख्वाह इसी पर खर्च हो जाती है।

तो इतनी सब सुख-सुविधाएँ होते हुए भी जब हम अपने वित्त की समस्या पर गौर करते हैं, तो हमें इससे निकलना असम्भव-सा लगने लगता है। आज भी हम इस समस्या से जूझ रहे हैं और लगता है, जब तक जीवन है, हमें इससे जूझना पड़ेगा।

घाघ कवि की कहावत यानी ''एक तो बड़ेन-बड़ेन माँ नाम, दूजे बसै डगर माँ गाम, ता पै भए वित्त से हीन'' हम पर पूरी तरह से लागू है। हम अपने घर के बरामदे में बैठे हुए, आँखें बन्द किए हुए अपने ददुआ से अपनी विपदाएँ कहने में लीन हैं, लेकिन कान हमारा बगल के कमरे में रखे हुए टेलीफोन पर हो रही बातों पर लगा है। इस टेलीफोन पर हमारी एक दूर की रिश्तेदार की ननद (जो पन्द्रह दिनों से सपरिवार हमारे घर ठहरी हुई हैं अपने नालायक लड़के का काल्विन ताल्लुकेदार कॉलेज में दाखिला कराने के चक्कर में, और जिसका दाखिला करा देने की पूरी जिम्मेदारी हमने ले ली है) अपनी बनारसवाली जीजी को हमारे प्रभाव का, हमारी सम्पन्नता का, हमारे घर की सुख-सुविधाओं का लम्बे-चौड़े शब्दों में बखान कर रही हैं। कान को कितना अच्छा लगता है अपनी प्रशंसा सुनने में, लेकिन हमारा तो सारा ध्यान इस टेलीफोन के बिल पर अटका हुआ है, जिसका हमें इस लम्बे-चौड़े वार्तालाप के फलस्वरूप भुगतान करना पड़ेगा।

हे ददुआ ! तुम जो भी हो, जहाँ भी हो, हमारी तीनों विपदाओं को साक्षात रूप से इस समय देख सकते हो।

●●●